# UN VOYAGE

## A PARIS.

# UN VOYAGE
# A PARIS

PAR

## LE R.ʀᴇ JOSEPH ASTI

MAÎTRE DE LANGUE FRANÇAISE A MILAN.

## MILAN, 1843.

Imprimerie et Librairie Pirotta et Comp.ᵉ

Rue S. Radegonda, n. 964.

A Monsieur

# D. Jean-Baptiste Camozzi

## de Gerardi.

Que ne ferais-je pour vous prouver combien j'admire avec votre aimable caractère ces manières nobles et faciles qui vous distinguent! Que l'hommage que j'ai l'honneur de vous offrir puisse vous convaincre de la vérité de mes sentimens! Si les auteurs français que vous savez si bien choisir, et dont vous avez fait une si riche collection, vous laissent quelques instans pour lire ce petit ouvrage, si après vous avoir autrefois ennuyé sur la grammaire, je parviens à vous amuser un peu maintenant, je m'en estimerai heureux.

Agréez en attendant le respect avec lequel j'ai l'honneur d'être

De V. M.

Très-humble et très-obéissant Serviteur
**Joseph Asti.**

# PRÉFACE.

J'avais toujours eu une grande envie de faire un voyage, mais je n'avais jamais imaginé que je l'aurais écrit, moins encore que je l'aurais publié.

Cependant, lors de mon départ pour Paris, comme quelqu'un qui partirait pour les Pyramides ou pour la nouvelle Zélande, je promis à un de mes amis, qui m'en avait prié, de lui mander tout ce que j'aurais vu de plus curieux et de plus intéressant pendant mon voyage. On parle maintenant de Paris et de la France comme on parlerait de Monza et de la Brianza : il n'y a presque plus de coiffeur, de tailleur ou de cordonnier qui n'ait fait son voyage à Paris ; quelle chose donc aurais-je pu mander qui ne fût à la connaissance de tout le monde ? Heureusement, ou malheureusement, comme vous voudrez, me trouvant dans des positions qui m'étaient particulières, et me trouvant par conséquent à même de faire des réflexions que les autres n'avaient peut-être pas encore faites ; je m'apperçus que l'on pouvait écrire quelque chose, et je tins ma parole à mon ami. A mon retour je ne songeais plus à mes lettres ; mais mon ami m'en parlait toujours ; plus, des personnes distinguées par leur talent et par leurs connaissances, qui prirent plaisir à cette lecture, me conseillèrent de les faire imprimer. Je ris d'abord, mais je raisonnai après. « Si mes lettres, me dis-je, ont intéressé mon ami et des personnes qui jouissent de toute l'estime du public, elles pourront intéresser aussi quelques autres ». L'espérance d'être utile et de procurer quelques instans d'amusement à quelques uns d'entre mes concitoyens me fit prendre mon parti, et je publie aujourd'hui ces mêmes lettres dans ce que j'appelle: *Un Voyage à Paris*, faute d'avoir trouvé un titre plus convenable à mon sujet. Ai-je bien raisonné? Ai-je eu tort de donner au public ce qui n'était destiné que pour un seul? C'est à vous, mes lecteurs, à répondre: soyez indulgens.

Départ — Voyage — Arrivée à Turin.

« Pour un jeune-homme qui va faire un voyage d'agrément, il me paraît bien triste, ce pauvre ami ». — Si tu as dit cela en me voyant partir, tu ne t'es pas trompé. Je ne saurais pas dire si c'étaient les pensées que je roulais dans mon esprit, ou bien le mauvais état de ma santé; mais j'étais bien triste alors. Dieu merci, je ne le suis plus, et, quoique je ne sois pas entièrement guéri, je sens que je me porte mieux et que je puis écrire. — Je ne te ferai pas un détail minutieux de mon voyage, mais je dirai peut-être assez et pour dégager ma parole, et pour satisfaire l'envie que tu m'as témoignée de savoir tout ce qui peut intéresser ta curiosité.

Il faut d'abord que tu saches ce que c'est que l'intérieur d'une diligence. Suppose donc cinq ou six individus qui se heurtent, qui se remuent, qui se tournent et retournent pour se mettre à l'aise le mieux possible. Tu en vois un qui décharge ses poches pour remplir les sacoches de la voiture ; l'autre qui assure son parapluie et sa canne aux courroies qui se trouvent derrière lui ; un troisième qui s'occupe à couvrir son crâne chenu ou pelé, d'une calotte écarlate crasseuse, après avoir appendu quelque part son chapeau ; enfin un dernier qui se donne bien de la peine pour se serrer dans son manteau, quoique la saison ne soit pas encore bien avancée, et qui finira par le soupir prolongé de quelqu'un qui se repose après un long travail. — « Y êtes-vous, Messieurs ? » crie le conducteur. — Nous y sommes, — répond une voix cassée qui part du dedans. — Mais non, vous n'êtes que cinq. Ah ! le voilà. Allons, M.', en voiture ». — Il est censé que tu occupes la première place à gauche, en entrant, que ton vis-à-vis est une dame seule, jeune et jolie, bien entendu, et que le dernier venu, gros homme de 50 ans environ, habillé d'une longue rédingote café, portant un grand manteau gris-noir par dessus, ira se placer à l'extrémité opposée. Ce pauvre diable, qui ne s'était que trop aperçu d'être en retard, arrive essouflé, il monte en chancelant, mais à peine a-t-il fourré sa personne toute entière dans la voiture, qu'il se tourne vers la dame et la prie de lui pardonner la peine qu'il lui cause: la diligence fait alors un mouvement et il t'écrase le nez avec son derrière. Tu deviens rouge de colère, tu veux crier, mais un mot d'excuse que balbutie ton homme te désarme. Il reprend son équilibre et marche honnêtement de toute la pesanteur de son corps sur ton pied gauche: tu es tenté de le pousser vivement, mais le respect pour la dame, sur laquelle il irait tomber de l'autre côté, te retient. Il passe enfin et gagne sa place, mais il n'a pu y parvenir qu'en écrasant, qu'en collant ton chapeau là, où tu l'avais attaché. Tu es encore une fois tenté de t'emporter, mais un regard de la dame à qui tu veux montrer de la bonté, déride ton front, tend tes sourcils et change ta colère en un sourire. Alors on te donne un bon coup de pied sur le devant de la jambe, mais ne te fâche pas, c'est l'homme à la calotte crasseuse qui te crie de toute la politesse dont il est capable. « Faites-en autant, M.r; alongez vos jambes ». Mais non: j'oubliais que ton vis-à-vis est une dame. Il faut être poli avec les dames, il faut en avoir soin quand elles sont seules: ainsi, la voyant distraite, tu appuies mollement ta main sur un de ses genoux pour attirer son attention, et d'une voix doucereuse tu lui dis: « Madame, mettez-vous à votre aise; passez votre pied entre mes jambes: que la crainte de me gêner ne vous retienne pas ». La dame te remercie d'un sourire et ne déploie son genou qu'à demi; mais c'est égal: le voyage est long, il y a du tems pour tout.

L'ordre est enfin établi, et l'ordre amène un silence parfait qui n'est interrompu que par le roulement de la voiture. Alors chacun de tes compagnons se recueille, se concentre et ne paraît plus s'occuper que de ses réflexions. Les uns, tournés à leur droite ou à leur gauche, regardent d'un air distrait les objets en dehors qui semblent s'enfuir derrière eux avec la rapidité de l'éclair, et donnent dans leur apparente distraction un dernier adieu à la patrie, que des affaires pressantes ou l'envie de voir de nouveaux pays, leur fait quitter pour quelque tems; les autres songent à des objets très-chers qu'ils vont embrasser après une absence bien longue peut-être; d'autres enfin, que l'habitude de voyager rend étrangers à ces sentimens, examinent d'un œil scrutateur le voisin que le hasard leur donna, et qui pourra bien être pour une semaine toute entière leur compagnon de voyage.

Le fracas de la lourde voiture continue, on atteint la barrière, on la dépasse, et quelqu'un, naturellement plus bavard que les autres, commence à s'ennuyer d'un silence qui lui paraît trop long. De quoi parlera-t-on ? Ne sois pas en peine pour cela : c'est déja convenu, on parlera du tems. C'est une ressource commune, bonne pour l'intérieur d'une diligence comme pour un salon, quand par politesse il faut rompre le silence, ou quand on le veut pour la seule envie de parler. — Dans le dessein où je suis de te rapporter quelqu'une des conversations qui se tinrent dans la voiture où je me trouvais, je te ferai grâce de la conversation sur le tems, parce qu'elle me paraît moins digne d'intérêt que les autres. — Il faut avant tout que je te dise qui étaient mes compagnons de voyage. — J'occupais la première place dans l'intérieur, à côté j'avais une Turinaise qui parlait très-bien le français, et que j'avais prise d'abord pour une française. Elle avait 25 à 30 ans, la couleur de sa peau était légèrement tannée, ses traits fort réguliers, ses yeux vifs et sa taille, qui n'était pas des plus riches, était assez bien prise : fort aimable du reste, quoiqu'elle ne parlât que très-peu. L'autre, car nous étions trois dans le fond, était un jeune-homme d'environ 27 ans, compatriote de la dame: ils ne se connaissaient pourtant pas. Il avait été à Milan pour voir la ville, et il la quittait alors pour retourner à Turin. Notre vis-à-vis était un couple gènevois, couple très-mûr et assez puissant de ses deux personnes pour occuper à lui seul toute la banquette opposée. Le mari avait une face ample, ronde et bourgeonnée, couleur pourpre: il relevait à tout instant ses besicles, et riait à chaque propos d'un rire stupidement complaisant, en approuvant tout ce que l'on disait. Sa compagne lui convenait si bien, que l'on pouvait dire, que les deux faisaient la paire ; elle nous épargnait cependant les éclats de rire. — Le jeune-homme entama la conversation, il parla de Milan, et chacun d'y glisser son petit mot. Il trouva cette capitale fertile en belles femmes, mais il remarqua, à son grand regret, qu'elles sont trop sévères: le couple suisse trouva qu'il y a à Milan de bonnes auberges et que l'on y mange très-bien pour peu d'argent; pour la dame turinaise, elle fit en peu de mots un bel éloge à la sincérité du caractère, à la bonne foi et à l'amabilité des Milanais. Moi, qui n'ai pas parlé alors, je parlerai maintenant et je crierai: « Femmes, aubergistes, citoyens milanais, ne vous enorgueillissez pas! Ils auront peut--être dit la vérité, mais l'éloge d'un étranger qui passe ne vaut rien, ou bien peu! » Un étranger, quand il ne s'arrêterait qu'une heure seule dans une ville, voudrait la juger, et c'est selon. A-t-il rencontré par hasard une laideron aux manières libres? Toutes les femmes sont laides mais faciles. Est-il tombé dans les mains de quelque juif d'hôte, qui l'a mal traité, qui l'a écorché? Toutes les auberges sont mal servies et diablement chères. Pour les manières, pour les mœurs des citoyens, il leur suffit une personne ou deux à qui ils ont eu affaire pour juger de toute la ville. — Après ces éloges on voulut descendre à quelques détails, et, comme il est naturel. on commença par la Cathédrale. Le jeune-homme avait eu l'avantage de voir sa façade une nuit au clair de la lune, en sortant de l'opéra; il n'en parla que par des monosyllabes. Uhh!.... Ah!.... Oh!.... et il accompagnait ces exclamations de grands gestes, ce qui coûta un peu cher au chapeau de la Turinaise. Ce fut après le tour du Grand-Théâtre. Les Gènevois remarquèrent que les banquettes du parterre sont fort commodes; le jeune-homme trouva les danseuses charmantes. « Pour les danseuses, dit alors la dame de Turin, elles dansent fort bien, mais elles sont un peu indécentes ». — « Mais, c'est leur grand mérite, interrompis-je à mon tour; d'ailleurs vous conviendrez, M.<sup>me</sup>, qu'il faut bien qu'elles plaisent aux habitués du parterre: ce sont eux qui font les réputations théâtrales, et malheur à celui ou à celle qui ne trouvera pas le moyen de leur plaire! » — La dame, prenant cela pour une simple plaisanterie, se mit à rire, et le couple suisse, qui avait approuvé la remarque de Madame, ne fut pas moins complaisant pour moi. Cependant, si je dois l'avouer, je m'étonnais

de ce que l'on n'eût pas encore médit
de notre bonne ville de Milan, car je
ne comptais pas pour de la médisance
l'observation de la Turinaise sur les
danseuses ; nous avons déja vu que,
moyennant mon adresse, cette observation avait tourné à l'avantage de ces
bonnes filles. Je m'étonnais donc, d'a-
bord parce que je sais que la médisance
est l'assaisonnement de toute conversation suivie, un plaisir délicieux, et
un plaisir qui ne coûte rien, et puis,
parce que j'ai assez bien appris que, pour
prouver aux autres que nous avons vu
et connu, il faut en dire du mal. Toutefois je ne perdis rien pour avoir attendu.
Le jeune-homme, comme s'il eût deviné ma pensée, se déchaîna tout à coup
sur notre cher patois et il en dit tant
de mal, que, pour une raison contraire,
j'en fus étonné une seconde fois. Il
poussa la méchanceté jusqu'à le traiter
de *sale* ce pauvre patois, si cher, si
expressif. Oh ! si notre Porta eût pu sou-
lever la tête hors de son tombeau pour
entendre ces blasphèmes ! Je suis persuadé qu'il aurait trouvé moyen de

nous envoyer de l'autre monde un sonnet, au moins, contre l'ignorance de cet insolent. Pour moi je ne pus me taire : malgré mon rhume, je m'écriai : « Monsieur, vous n'avez passé que quelques jours à Milan, et au peu de termes que vous relevez de son patois, il paraît que vous n'avez eu affaire qu'à des garçons d'hôtel, à des conducteurs et à des porte-faix : vous ne pouvez pas juger du patois milanais. Et puis, vous turinais, vous qui en avez un si désagréable à tous les Italiens, mélange d'italien et de français, vous qui avez toujours recours à ce dernier parce que vous avez presque honte de faire entendre aux étrangers votre jargon, vous osez tourner en ridicule le patois milanais ? Oh ! je suis bien fâché que mon enrouement ne me permette pas de vous en dire davantage ! J'aurais bien pu vous prouver que ce patois est moins *sale* que vous ne dites ». Il demeura court à cette tirade ; la dame sa compatriote souriait, et les deux Gènevois, qui approuvaient par de grandes inclinations de tête tout ce que je venais de dire, m'avaient l'air de deux cloches: l'une se baissait quand l'autre se levait; ils continuèrent si long tems ce mouvement comique, qu'enfin je ne pus m'empêcher d'éclater de rire à leur nez.

Vers deux heures de l'après-midi nous arrivâmes à la frontière. La frontière est une station à laquelle un voyageur, qui la passe pour la première fois, n'est jamais indifférent. Dès qu'il se voit aux confins, il ouvre de grands yeux, il examine, il cherche la différence qui passe entre les objets qui l'environnent et ceux de son pays: il se croit à cent lieues de chez lui, et veut voir par tout quelque curiosité digne de son attention: les arbres sont plus petits, la campagne moins fertile, les maisons trop pointues et les hommes drôlement habillés. Il interroge ses compagnons sur le voyage qu'il a fait, et est tout étonné d'apprendre qu'il n'a fait que 15 milles. Cependant il voyage sur un sol étranger et cette réflexion suffit pour concentrer toutes ses idées: sa famille, ses amis, ses habitudes se présentent à son esprit, et lui arrachent un profond soupir ; il avance la tête hors de la portière et regarde avec tendresse le pays qu'il vient de traverser, comme s'il ne devait plus le revoir. — En attendant la voiture s'arrête : on vous demande vos passeports, on fait descendre vos malles, y-compris celle du novice qui proteste envain à tous les douaniers qu'il n'a aucun objet de contrebande. Cet infortuné, voyant ballotter impitoyablement ses effets, les accompagne de l'œil, place son sac de nuit sur sa malle, son étui-à-chapeau à côté et ne les quitte plus, ces chers objets, ces compagnons indivisibles de son voyage, parce qu'on lui a dit tant de choses avant de partir qu'il craint un fripon, un voleur dans tous ceux qui l'entourent.

L'inspection que l'on nous fit à la frontière dura plus d'une heure et demie, parce que nous avions dans le coupé un chirurgien-dentiste avec sa femme, qui avaient plus de malles et de caisses à eux deux, que nous tous. Les commis des douanes son généralement indulgents, mais ils ne le sont jamais avec un étranger qui a plus de bagage qu'il n'en faut ordinairement à un voyageur. — « Qu'est-ce que c'est que cette grande caisse noire ?

— C'est du linge, — répond la femme d'une voix fluette et douce.

— Voyons.

— Elle est clouée.

— Nous ferons sauter les clous.

— Mais je vous assure qu'il n'y a rien d'autre que du linge.

— Je le crois bien ».

Alors sur un signe du commis la caisse est ouverte, le linge remué, froissé, renversé. La dame plie sa taille fine, se met à genoux devant sa caisse, et tandis qu'elle ramasse et arrange son linge, le commis continue son inspection.

— « A qui est cette autre caisse blanche ?

— Vous voyez, répond encore une fois la dame en haussant la tête; même nom que celle-ci ». — Le nom du chirurgien en effet était là écrit en gros caractères; c'est un nom fort répandu à Milan, où ce Monsieur faisait sa demeure.

— « Est-ce encore du linge ça, — continue le commis?

— Ce sont des livres de ma composition, — répond enfin le dentiste d'une voix moitié fière, moitié suppliante.

— Voyons ». — Malgré le grand nom de l'auteur, cette seconde caisse ne fut pas mieux traitée que la première. Tous ces livres, dont il était si fier, et qui étaient son ouvrage, consistaient en un petit volume que j'ai connu par hasard à Milan et qui prouve que.... c'est à dire, qui ne prouve rien, mais c'est égal. Les livres renfermés dans la grande caisse étaient une édition que le dentiste avait faite au profit d'une des pieuses institutions de Milan (action vraiment charitable, qui devait lui attirer la presse), mais voyant apparemment qu'elle ne profitait à personne, le pieux dentiste n'avait pas jugé à propos de se séparer de son ouvrage. Ce qui est à plaindre pourtant, c'est, qu'avec ses grandes caisses, il m'a l'air de nous avoir quittés pour toujours. C'est dommage! Il aurait conservé par le pouvoir de son art la blancheur de nos dents, et pour long tems, à moins qu'elles ne se fussent gâtées : il arrêtait les progrès de quelque carie que ce fût, pourvu que ce ne fût pas des plus obstinées. Et puis, son élixir! Cet élixir qui intéressa tant les commis de la douane et qui nous arrêta si long tems aux frontières, cet élixir, dis-je, nous l'avons perdu! Quel dommage! Mais puisqu'il voulait nous quitter si tôt, à quoi ces affiches qui nous rendaient si tranquilles sur l'avenir de nos dents! A quoi ce grand salon si richement meublé! A quoi cette éblouissante livrée toute neuve qui se présentait pour recevoir la pratique, et qui nous faisait concevoir une opinion si avantageuse pour le maître! N'était-ce que pour nous avertir qu'il était français? Mais c'est inutile, nous l'avons perdu.

L'inspection finie, on rechargea la voiture, et après avoir récompensé les porte-faix de la peine qu'ils s'étaient donnée de descendre et remonter nos effets, nous partîmes. — Nous arrivâmes jusqu'à quelques milles de Novare sans accident, lorsque, m'apercevant que ma compagne la Turinaise ne disait plus mot, je me tournai pour voir si elle dormait ; je la trouvai pâle comme si elle était mourante.

— « Qu'avez-vous, madame ? — lui dis-je aussitôt.

— Rien, — répondit-elle, ça passera.

— Comment rien ! — continuai-je. — Mais, au risque de paraître impoli, je vous préviens que vous êtes pâle comme la mort. Voulez-vous que je fasse arrêter la voiture ?

— Oh non ! Je n'y consentirai pas : ce ne sera peut-être qu'un peu de malaise.

— Alors vous consentirez à prendre ma place : vous pourrez ici appuyer votre tête à la paroi de la voiture et vous serez, j'espère, moins mal ». — Cela dit, je me levai le mieux que je pus et je la forçai d'accepter. Elle leva alors ses beaux yeux sur moi et me fit, sans parler, un remercîment qui en valait bien un autre. Les choses étaient encore dans cet état, quand nous arrivâmes à Novare. J'aurais bien voulu que cette joufflue de Gènevoise eût pris soin de la malade. Les femmes ont un tact tout particulier pour soigner une personne qui souffre, tandis que nous autres hommes, malgré notre bon cœur, nous sommes en pareilles circonstances bien gauches, mais elle n'y songea nullement. Elle était peut-être affamée, la grosse dame, et renoncer à une bonne table d'hôte toute prête qui nous attendait, ç'aurait été châtier trop cruellement son ventre et ses joues, qui d'ailleurs étaient très-innocens. Poussé donc par un sentiment de compassion qui est naturel en pareil cas, sur-tout quand le patient est une jeune et jolie dame, je fis moi-même ce que j'avais un instant attendu d'autrui. J'aidai ma compagne à monter dans une petite chambre séparée que l'on nous avait indiquée, je lui fis boire un bouillon et, moyennant quelqu'autre petit secours dont elle paraissait avoir besoin, j'eus la consolation de voir au bout d'une demi-heure que mes peines n'avaient pas été perdues. Ses membres recouvrèrent leur force, son teint reprit sa couleur, et, dès qu'elle put parler librement, elle me remercia avec beaucoup de tendresse de tout ce que j'avais fait pour elle, et me pria d'aller dîner. Je lui répondis que, pour les petits services que je lui avais rendus, il ne valait pas la peine d'en parler, et que, pour mon repas, je me serais contenté de prendre quelque chose avec elle, vu qu'il était déja trop tard pour profiter de la table d'hôte. Elle ne répondit rien, mais elle me parut fort charmée de ce que je ne consentais pas à la quitter. Nous mangeâmes donc ensemble quelque mets, chacun suivant son appétit, puis, comme le tems que l'on nous accorda fut long à cause du changement de voiture, nous commençâmes une conversation qui devint peu à peu très-intéressante, pendant laquelle elle fit paraître une bonté de cœur et une amabilité, dont je ne la croyais pas capable. Elle me parlait sans cesse des obligations qu'elle disait avoir envers moi, plus, ne voulant pas demeurer en reste de franchise à l'égard de quelques petites confidences que je lui fis, elle m'apprit qu'elle était veuve , et qu'elle avait été bien malheureuse. En prononçant la parole malheureuse, elle soupira profondément, et fit en même tems un geste qui marqua toute l'horreur qu'elle ressentait en rappelant ses tristes souvenirs. Il n'en fallait pas tant pour m'inspirer la plus vive curiosité d'apprendre ses malheurs. Je lui en témoignai mon envie: elle hésita quelques instans, puis elle me répondit, que l'histoire en était trop longue et que le tems qui nous restait n'aurait pas suffi pour son récit, attendu qu'elle ne consentirait jamais à le continuer dans la voiture. — « Cependant, continua-t-elle, vous avez été trop sincère avec moi, et je vous ai trop d'obligations pour vous refuser ce plaisir. A Turin, puisque vous comptez vous y arrêter quelques jours, je trouverai, j'espère, le moyen de vous satisfaire ». — J'allais répliquer, lorsque le conducteur entra pour nous avertir que l'on se disposait à partir. Nous montâmes dans la diligence, et je voulus que ma Turinaise gardât ma place, ce que je ne pus obtenir qu'après quelques difficultés. Nos compagnons de voyages arrivèrent presque en même tems, bien repus et fort satisfaits de leur dîner. Le couple gènevois s'avançait lentement, ne pouvant plus tenir dans sa peau. — La conversation fut d'abord générale, mais peu intéressante, cependant, comme la nuit était tombée, elle languit bientôt et finit par s'éteindre, laissant que chacun se disposât à dormir. Ma dame, après avoir ôté son chapeau, déploya un beau mouchoir blanc et s'en couvrit la tête, en le nouant sous son menton: elle me parut plus jolie. — Ce ne fut pas la nuit la plus délicieuse pour moi : peu accôutumé à un voyage un peu long, j'étais fatigué et presque souffrant; d'ailleurs la chaleur, qui régnait dans cette voiture fermée, m'étouffait. Quand il plut à Dieu, à six heures du matin, nous arrivâmes à Turin. La première question que me fit ma Turinaise en arrivant, ce fut de me demander où j'irais loger.

— « Mais je n'en sais rien, madame, — répondis-je: — il me faudra bien aller au hasard, car je n'ai aucune connaissance de Turin.

— En ce cas, — reprit-elle, — vous risqueriez d'être mal logé.

— Si vous connaissez quelque auberge, — continuai-je, — qui puisse me convenir, vous m'obligerez beaucoup de me l'indiquer ». — Les sentimens de reconnaissance qu'elle m'avait témoignés, et l'amitié qu'elle avait déja conçu pour moi en conséquence de tout ce qui s'était passé entre nous, l'avaient peut-être déja disposée à me rendre ce service. Ainsi, sans hésiter, elle me dit qu'à peu de distance de la messagerie il y en avait une, qui me convenait parfaitement et qu'elle connaissait fort bien, attendu que le propriétaire était un vieux parent de feu son mari. Là-dessus elle m'en donna l'adresse et, par des discours qu'elle me tint après, me laissa entrevoir la possibilité de l'entretenir quand elle serait venue voir son parent. Ravi de la disposition favorable dans laquelle je la voyais à mon égard, je la remerciai de sa politesse et nous nous quittâmes. Ainsi à demain.

## Turin.

J'ai vu Turin : mais je ne t'en ferai pas la description, car d'autres l'ont faite déjà avant moi, et mieux sans doute que je ne saurais la faire. Je me contenterai de parcourir des yeux cette belle ville, et de faire, en passant, comme on dit, ces petites remarques qui me paraîtront plus propres à exciter quelque intérêt.

Si tu gravis les côteaux délicieux, parsemés de maisons de plaisance, qui s'étendent le long du Po en présentant à la ville l'aspect le plus séduisant, tu embrasses Turin d'un coup d'œil et tu jouis de la vue du panorama le plus beau que l'on ait jamais présenté à tes yeux. Cette capitale, à mon avis, n'est pas plus de la moitié de Milan, quoiqu'elle compte une population de 130 mille habitans. Cela m'a paru inconcevable d'abord, mais ayant ensuite appris que certaine comtesse, que l'on me montra, paie 1200 francs de loyer par an pour quatre belles chambres avec un balcon, rue du Po, je conclus que les pauvres gens et les boutiquiers seront entassés dans de petites chambres, et qu'il n'y aura pas de bouge inhabité. Il faut cependant faire une différence entre la vieille ville et la moderne. La vieille, qui s'étend vers les Alpes, n'offre rien de particulier : ses rues, ses maisons sont à peu près comme toutes celles que l'on rencontre dans les villes de province de notre Lombardie, aussi les loyers sont-ils modérés; la moderne, bâtie sur le côté opposé vers le Po, est d'une beauté, d'une élégance sans pareille. Les rues sont très-spacieuses, et les maisons, agréables à la vue, m'ont toutes l'air, si non de palais, au moins d'hôtels bien vastes, bien commodes et très-riches. Je suis néanmoins persuadé que tout cela n'est qu'apparence, ce dont je me suis presque convaincu en entrant dans leurs cours. Ces hôtels ont d'ordinaire trois ou quatre entrées, vu que les propriétaires ne sont presque jamais moins de trois ou quatre, lesquels, d'accord entre eux, te bâtissent une grande maison qui embellit la ville et ne gâte rien à leurs spéculations. — Ce qui m'a frappé le plus dans cette ville, c'est le point de vue qui se présente en entrant par le joli pont en pierre, bâti sur le Po. La vaste place de Vittorio Emmanuele, la rue spacieuse du Po qui suit en face, aboutissant sur la place du château, sont tout ce que l'on peut imaginer de plus délicieux à voir. La beauté des hôtels qui s'élèvent très-haut de chaque côté, et la magnificence des portiques qui se perdent dans le lontain, achèvent par faire de ce point de vue un véritable charme, un prestige, qui ne pourrait être rendu qu'en miniature par notre Grand-Théâtre à la Scala, moyennant la profusion éblouissante de tous ses feux, qui produisent tant d'illusion sur le spectateur. Sur la place du château s'élève le palais dit de Madame, dont la partie postérieure garde encore la forme d'un château, et la façade, vraiment superbe, ne sert que pour masquer un ample et magnifique escalier : à droite on voit la place du palais royal, et vis-à-vis, à perte de vue, s'étend la vaste rue de la Dora Grossa, qui finit par couper la ville en deux parties. Les maisons ici sont, comme les précédentes, belles et vastes, toutes de la même hauteur, et si régulières, que plusieurs personnes trouvèrent la ville de Turin trop monotone. Pour moi, je ne sais pas pourquoi on dira une ville toute entière monotone, parce qu'il y a deux ou trois rues qui le sont. S'il m'est permis de dire ce que j'en pense, cette uniformité ne m'a pas choqué : j'y ai trouvé au contraire quelque chose de neuf, quelque chose que l'on ne voit pas si facilement ailleurs et qui a fini par me plaire. Du reste il est très-faux de penser que les citoyens sont obligés par le gouvernement de maintenir cette régularité symétrique en bâtissant leurs maisons ; ils n'y sont poussés que par un certain penchant, par un certain amour tout particulier qu'ils ont pour cette espèce d'ordre et de symétrie. — Ce que je souhaite à cette belle ville, ce sont des pavés comme les nôtres. On a essayé de les faire dans la rue du palais, mais, soit impéritie des paveurs, soit la qualité des cailloux faciles à se briser, ses pavés n'atteindront pas pour le moment à la perfection des nôtres. Toutes ces petitesses-là pourtant n'empêcheront pas de dire, que Turin est une des plus belles petites villes que l'on puisse voir. Ceux qui l'ont vue, il y a quelques années, ne l'auront sans doute pas trouvée si jolie. Une partie considérable de la nouvelle Turin sur les bords du Pô est l'ouvrage de ces dernières années. Le roi lui-même, pour encourager ses sujets à étendre les bornes de sa capitale, fit bâtir de ses propres deniers de belles maisons, qu'il vendit ensuite par des loteries, et accorda à ceux de ses sujets qui auraient élevé des hôtels dans le susdit quartier, des privilèges assez grands; entre autres, l'exemption pour l'espace de 30 ans de tout impôt. La ville de Turin doit beaucoup à son roi actuel.

Voilà le peu que j'ai jugé à propos de dire sur Turin en général; si cela ne te suffit pas, j'espère que tu me tiendras compte au moins de l'envie que j'avais de te satisfaire. Adieu.

Visite de la Turinaise — Son histoire.

Ma Turinaise n'a pas trompé mes espérances. Elle vint voir son parent ; mais après une conversation de quelque tems avec lui, auquel elle ne manqua pas de parler de moi, elle voulut s'assurer elle-même si j'étais bien logé. Je lui témoignai un extrême plaisir de la voir, et elle eut la complaisance de rester dans ma chambre plus long tems que je n'aurais osé l'espérer. Cette visite fut suivie d'une seconde, pendant laquelle elle m'a paru encore plus aimable qu'elle ne l'avait été dans sa première. Ses discours et ses manières, qui n'ont rien que de très-honnête, m'ont enchanté. Avec un bon sens que j'admire, elle me prouva dans les longs entretiens que nous eûmes ensemble, qu'elle ne manque pas d'esprit, et que son cœur excellent et religieux est capable des passions les plus fortes. Dès la première visite je lui rappelai la promesse qu'elle m'avait faite du récit de son histoire, mais il me parut qu'elle n'avait plus autant d'envie de me la raconter, que j'en avais de l'entendre, peut-être parce qu'elle lui paraissait trop longue. Cependant, cédant à mes prières, elle contenta ma curiosité à peu près dans ces termes.

« J'étais enfant unique et, concentrant sur moi seule toute l'affection de mes parens, j'étais heureuse, lorsqu'à l'âge de 15 ans j'eus le malheur de perdre ma mère, ma mère chérie, qui n'avait eu jusqu'au dernier moment de sa vie d'autre intérêt plus cher que l'éducation de sa fille. Je sentais toute l'étendue de ma perte, et ma douleur s'augmentait encore quand je venais à considérer que, par un nouveau mariage de mon père, qui n'était pas vieux, une autre aurait pu remplacer cette chère amie. — Mes craintes ne tardèrent pas à se réaliser ; au bout de deux ans, mon père, fatigué de son veuvage, me fit sentir la nécessité d'avoir à mon âge une personne, qui pût me conduire dans le monde, et, sans mettre d'autre delai à l'exécution de ses projets, il se lia à une femme, qui à la vérité ne manquait pas de qualités, mais qui était malheureusement trop jeune pour lui. — Ma nouvelle mère me montra d'abord beaucoup d'amitié: on aurait dit qu'il y avait conformité de caractère entre nous deux, et que les goûts de la mère étaient ceux de la fille. Je ne sais pas si tout cela était bien sincère de sa part, mais tout ce que je puis vous dire, M.$^r$, c'est, que peu à peu je sentis naître dans mon cœur tant d'amitié pour elle, que je finis par me consoler entièrement de la perte de ma véritable mère. Les choses se passèrent ainsi pour bien des mois: mon père qui aimait éperdument sa femme, voyait notre intelligence avec une satisfaction et une joie, qu'il ne pouvait pas cacher. — Un jour qu'il rentra plus tard qu'à l'ordinaire pour dîner, il amena avec lui un homme d'assez bonne mine, de l'âge de 42, 44 ans environ, qu'il appelait Achille, et qu'il nous présenta comme son plus cher ami. Cet homme, après avoir voyagé pendant 12 ans au moins, disait-il, revenait à Turin pour s'y fixer. On le retint à dîner : il fut bien fêté, par mon père sur-tout, qui nous pria d'avoir pour lui tous les égards possibles. Il parla long tems de ses voyages, il raconta quelques unes de ses aventures, trouvant ainsi moyen de se rendre intéressant à toute la famille, et particulièrement à ma mère, qui prenait un plaisir extrême à l'entendre parler. Dès lors, il ne cessa plus de venir nous voir; ses visites devenaient toujours plus fréquentes, et tellement fréquentes, que l'on finit par le considérer comme de la famille. On n'aurait pas dit : « Nous y sommes tous » quand il n'aurait pas été là. Si par hasard mon père, en rentrant le soir, ne le voyait pas, il marquait aussitôt de l'humeur, et sa femme se montrait inquiète. — Quelque tems après je crus remarquer que ma mère n'était plus la même à mon égard: elle me traitait avec moins d'amitié, elle sortait souvent seule, ce qui ne lui était jamais arrivé auparavant; quelquefois même elle me brusquait d'une manière étrange et me maltraitait sans raison. J'aurais trouvé ses manières insupportables, si mon père, à qui je me plaignait souvent, n'eût pas trouvé moyen de m'en consoler, et si (ce qui ne doit pas être compté pour rien) une occupation de cœur ne fût pas venue ces jours-là me distraire. Un jeune-homme de mon goût, de 25 à 26 ans environ, commis dans une des premières maisons de commerce à Turin, me suivait par tout et me rendait des soins dont j'étais enchantée. Il ne tarda pas à me faire parvenir une lettre, que j'eus la faiblesse d'accepter; il me peignait toute la passion qu'il disait avoir conçue pour moi, il me parlait de la pureté de ses désirs ; ses expressions étaient délicates, tendres, et plus tendres encore qu'il ne le fallait, pour qu'une fille, jeune et sans expérience s'y laissât prendre. Je le crus et, dans la réponse que je ne pus me défendre de lui faire, je lui laissai entrevoir, que s'il soupirait, ce n'était pas pour une ingrate. Il devint si hardi, que dans une seconde lettre qu'il m'écrivit, il me demanda une entrevue. — L'emploi de mon père, les absences assez fréquentes de ma mère, qui parfois se prolongeaient jusqu'à trois ou quatre heures, me laissaient toute la commodité de le voir en secret, cependant je refusai; je tremblais à la seule idée de recevoir un jeune-homme chez moi sans l'aveu de mon père; mais, que ne fait la passion ? J'eus le malheur de lui accorder à la quatrième lettre, ce que je lui avais refusé aux premières. — Je ne vous dirai pas les transports de joie et d'amour qu'il laissa éclater, quand il parut devant moi : il me disait que je lui étais devenue nécessaire, qu'il lui aurait été impossible de vivre sans moi, enfin, qu'il n'attendait que l'avancement, dont son maître l'avait assuré, pour me demander à mon père. J'aurais dû, je l'avoue, me défier de lui quand il me fit jurer de garder le secret de nos amours, et sur--tout d'en cacher la connaissance à mon père; mais j'étais trop jeune alors pour me défier de celui qui le premier avait fait battre mon cœur. D'ailleurs, dois-je le dire? J'aimais ces mystérieuses amours. Je commis une faute qu'une honnête fille ne devrait jamais commettre, une faute dont je ne cesserai jamais de me repentir, et que j'ai payée bien cher après. Une première entrevue fut suivie d'une seconde, puis d'une troisième et enfin, profiter de toutes les occasions qui se présentaient pour nous voir et nous entretenir en secret, c'était une chose convenue. Amoureuse, enchantée du présent, confiante dans l'avenir, j'étais parvenue à me croire heureuse. — L'état de ces choses durait depuis bien des mois, et il aurait continué encore davantage, si un accident, qui fut long tems un mystère pour moi, ne fût venu troubler l'ordre, ou pour mieux dire, le désordre qui régnait dans la maison de mon père. Un soir, comme je m'occupais à répondre à un billet d'Auguste, car c'est ainsi que s'appelait mon amant, et que ma mère s'entretenait dans son cabinet avec M.ʳ Achille, mon père rentra plus tôt que de côutume. Je m'empressai de serrer mes papiers pour aller le réjoindre au salon, où ils avaient l'habitude de se rassembler, lui, sa femme et son ami. Ils s'y étaient rendus en effet, mais personne ne parlait, et telle était la consternation qui régnait sur leurs visages, que, quelque envie que j'eusse de les questionner, je n'eus jamais le courage de rompre le silence. Mon père, après s'être tourné et retourné sur son fauteuil, nous quitta le premier, sans prononcer un seul mot; M.ʳ Achille prit son chapeau quelques minutes après, et, adressant des paroles d'adieu presque indistinctes à ma mère, il se retira. Pendant une semaine je vis mon père triste et inquiet: il ne parlait presque plus à sa femme, il allait et revenait, contre son ordinaire, de la maison à son bureau et du bureau à la maison; ma mère était boudeuse et presque insupportable; et M.ʳ Achille ne venait nous voir que bien rarement.

Durant ses visites il s'entretenait avec ma mère à voix basse, et d'un air, que l'on aurait dit qu'il craignait d'être surpris par mon père, dont il paraissait toujours avoir calculé l'absence. — Au bout de cette triste semaine, la scène changea de nouveau : la joie et la bonne humeur reparurent sur tous les visages, et chacun reprit ses habitudes. Je ne pouvais m'expliquer ces changemens, et, quelques questions que j'adressasse à mes parens, je n'en pouvais tirer que des réponses vagues qui ne m'apprenaient rien. Enfin mon père me prit un jour dans sa chambre et me dit : — « Je sais, ma fille, que les manières peu complaisantes de ma femme à ton égard, doivent te faire souhaiter depuis long tems le moment de la quitter : tu n'as pas tort, mon enfant; ainsi remercie avec moi le Ciel qui m'accorde enfin le moyen de te satisfaire, en confiant ton sort à un homme qui, par son expérience et par ses belles qualités, ne laissera pas de te rendre heureuse. Après ce petit discours préparatoire, qui marquait plus d'adresse que je n'en supposais à mon père, il me dit tout bonnement que son ami Achille lui avait fait l'honneur de lui demander ma main. Cette proposition m'étonna, d'autant plus que je ne m'étais jamais aperçue que M.^r Achille eût pour moi plus d'attentions et plus de soins qu'il n'en fallait pour la fille de son ami; et j'en aurais été même affligée, si je n'avais pas connu mon père incapable de faire violence à ma volonté. J'aurais pu lui faire remarquer la disproportion de nos âges et le peu de penchant que j'avais pour son ami, mais je me bornai à lui dire, que j'étais encore bien jeune, et que je ne me sentais pas encore disposée au mariage. Il eut beau me représenter que je n'étais pas riche, qu'un parti aussi avantageux que celui de son ami ne se serait pas si facilement présenté plus tard : je refusai constamment, et il eut la bonté de cesser pour alors de m'en parler. — Plusieurs jours s'étaient déja écoulés, sans que je pusse entretenir Auguste, et pendant tout ce tems-là il ne m'avait écrit qu'une seule fois. J'aurais voulu l'instruire moi même des projets que l'on avait formés sur moi, mais voyant pour alors l'impossibilité d'exécuter mon dessein, attendu que ma mère ne sortait plus que très-rarement, je pris la résolution de lui écrire. C'était le moyen de lui donner plus tôt de mes nouvelles et d'avoir des siennes, dont je n'avais jamais éprouvé un plus grand besoin; car, voyant qu'il ne cherchait plus les occasions de me voir, ou de m'écrire, avec cet empressement qui faisait autrefois mon délice, je croyais remarquer en lui un changement qui ne me présageait rien de bon. Il ne répondit à ma lettre que quelques jours après, et au lieu de se montrer touché de ce que je venais de lui dire, il ne me parlait que d'un avancement que son maître lui avait proposé, à condition qu'il irait s'établir à Lyon. Il me disait qu'il n'avait pu se défendre d'accepter cette proposition, parce que c'était le seul moyen de pouvoir effectuer plus tôt nos projets de mariage; mais, tout en s'efforçant de me persuader qu'il faisait ce sacrifice pour moi, ses expressions étaient si froides, qu'il me fut impossible de ne pas deviner le coup qu'il me préparait. Je ne sais pas si ce fut ma passion qui me fit pressentir aussitôt mon malheur, mais ce qui est certain, c'est que je ne me trompais pas. Après la lecture de cette lettre fatale, que je ne pus achever qu'avec beaucoup de peine, je me laissai tomber sur mon lit dans un état de désespoir difficile à peindre. « — Peut-il, me disais-je, oublier ainsi ces promesses, dont il prenait si hardiment le ciel à témoin ? Oh non ! c'est impossible ! Mon Auguste n'est pas si perfide. Mais d'ailleurs, s'il m'aimait encore, comment pourrait-il se disposer à partir sans témoigner la moindre envie de me voir avant son départ ? — Ces réflexions me firent fondre en larmes, et je sanglotais si fort, que mon père, qui venait de rentrer, m'entendit. Il vint à moi, et, tout étonné de me voir si désolée, il me pressa de lui en découvrir la cause ; je m'en défendis : il pria, il s'attendrit, il pleura avec moi, et fit si bien, qu'enfin je lui avouai le tout, en le priant de me pardonner. Il ne me reprocha que mon peu de confiance en lui; plus, il m'assura qu'il allait travailler pour découvrir les intentions d'Auguste, prêt à faire tous les sacrifices qui dépendraient de lui pour arranger notre mariage, s'il était possible. A tant de bonté je me jetai à son cou, en redoublant mes larmes, et en protestant que je me voulais bien du mal d'avoir mené cette intrigue à son insu. Il essuya mes pleurs, et, après m'avoir fait promettre que cette affaire aurait été un mystère pour tout le monde, il m'engagea à entrer dans le salon, et à faire semblant de rien. Les paroles de mon père avaient fait renaître l'espérance dans mon cœur, et ramené le calme dans mon esprit. J'allai voir ma mère et M.r Achille : je fis si bien avec eux, qu'ils n'eurent pas le moindre soupçon de ce qui s'était passé entre moi et mon père. — Deux jours après, de fort bon matin, comme je me disposais à me lever, mon père entra dans ma chambre. Sa visite à pareille heure, qui me laissa deviner aussitôt le motif qui l'amenait, me fit tressaillir. J'attachai un regard attentif sur lui, et je lus à l'instant sur son visage triste et abattu tout ce que sa bouche allait m'apprendre. Je sentais que mon courage allait me quitter, mais, voyant que mon père hésitait à parler, je fis un effort sur moi même, et je dis d'un ton de voix le plus ferme qu'il me fut possible : — « Quelles nouvelles m'apportez-vous, mon père? Parlez; ne craignez pas de m'affliger: je suis prête à tout entendre. — Je suis charmé, répondit-il, de te voir dans cette courageuse disposition, parce que les nouvelles que j'ai apprises ne sont pas des plus consolantes, — et il s'arrêta comme pour voir l'effet que ses paroles produiraient sur mon esprit. — Parlez, continuai-je; ne vous ai-je pas dit que je suis déja préparée au coup que vous allez me porter? — Puisqu'il le faut, reprit-il, je n'hésiterai plus à dire, qu'il est indigne de toi, et qu'il faut à jamais oublier une personne qui ne mérite plus que ton mépris — ». Malgré tous mes pressentimens, ce fut un coup terrible pour moi que ces paroles, et si je n'y avais pas été préparée, si les réflexions, que j'avais faites les deux jours qui le précédèrent, n'avaient pas servi à en diminuer la force, et à me prémunir de tout le courage dont j'avais besoin pour le soutenir, je pense que j'en aurais été accablée. Je m'enveloppai le plus que possible dans les couvertures de mon lit, pour dérober ainsi à mon père la vue de mon visage, qui devait être bien pâle; affectant ensuite plus de fermeté que je n'en avais, j'encourageai le bon homme à m'apprendre tous les détails, qui devaient servir encore à augmenter à mes yeux la perfidie de mon amant. — Je sus qu'Auguste, avant de me connaître, avait donné sa foi à une jeune-fille, dont la famille, qui demeurait à Turin, était distinguée; que les parens de la demoiselle, ayant soupçonné ses nouvelles amours, avaient pris leurs mesures pour qu'il fût éloigné de la ville, et que son mariage avec leur fille se serait fait à Lyon au bout de quelque tems. Ce ne fut plus de la peine que je ressentis alors, ce fut de l'indignation, et mon amour, fesant place à cette fierté qui est propre à mon sexe, laissa savourer à mon cœur tout le plaisir que lui apportaient les différens projets de vengeance que je roulais dans ma tête. — Mais, mon Dieu! Quelle vengeance aurais-je pu faire? — Le tems me rendit plus raisonnable; je me bornai à travailler pour éteindre en moi même tout souvenir qui eût rapport à lui: c'était assurément le parti le plus sage.

Quelque tems après, mon père, voyant que je paraissais tranquille, osa me parler encore de son ami Achille. Je n'aimais pas plus cet homme alors qu'auparavant, malgré quelques douceurs qu'il me disait, quand par hasard je me trouvais tête à tête avec lui. Je dirai même plus, son intimité avec ma mère, qui ne fut plus la même pour moi, depuis son entrée chez nous; la cour qu'il faisait à mon père, qui ne m'avait pas l'air d'être sincère, quoique je n'eusse pas encore assez d'expérience pour l'interpréter, tout cela contribuait à entretenir dans mon cœur une certaine aversion pour lui, qui y était née, je ne sais pas comment, et que rien n'avait jamais pu vaincre. Cependant, que vous dira-je? Il me vint l'idée, que mon mariage, dont on n'aurait pu cacher la connaissance à Auguste, aurait été un moyen de me venger de son infidélité. — « Il verra, me disais-je, que s'il a eu le courage de me tromper, j'ai eu celui de l'oublier, et que s'il m'a quittée, un autre bien plus riche que lui m'a offert aussitôt sa main — ». Tout ce que ce mariage avait de désagréable pour mes projets de vengeance, c'était que M.r Achille ne fût pas aussi jeune qu'Auguste. Cependant le plaisir de lui prouver au moins, que je l'avais oublié, l'emporta sur toute autre réflexion, et je cédai aux instances de mon père. J'accomplis ma vengeance, si pourtant c'en était une; mais j'en fus la victime. — Malheureuse la femme qui paie ainsi au prix de son repos la satisfaction d'un vain sentiment d'orgueil! — On fit les préparatifs de notre mariage, et l'on en accomplit la cérémonie avec tant d'indifférence de part et d'autre, qu'elle aurait dû glacer le cœur de mon père, s'il n'eût pas tout espéré du tems. Si je n'épousais pas M.ʳ Achille par inclination, ce n'était pas non plus de l'amour qu'il m'apportait en s'unissant à moi.

Nous allâmes demeurer dans une maison peu loin du domicile de mon père, où je souffris tout ce que j'aurais bien pu imaginer d'avance, si la passion n'eût pas troublé ma raison. Toutefois, comme en récompense des peines que j'endurais, et des plaisirs que l'amour m'avait autrefois promis, je jouissais de quelque liberté. Je sortais quand bon me plaisait: mon mari était fort indulgent là-dessus, et même il m'en offrait souvent lui même les occasions, en me chargeant de commissions, qui me paraissaient parfois bien frivoles. Ma position n'était pas assurément des plus heureuses, mais le tems aurait fini par la rendre supportable, en m'y accoûtumant, si l'événement inattendu que je

vais vous expliquer, ne l'eût rendue affreuse. — Un jour que j'étais sortie pour faire des emplettes, dont mon mari lui-même m'avait chargée, et qui exigeaient un tems de deux ou trois heures au moins, je m'apperçus, vingt minutes après que j'étais sortie, que je n'avais pas assez d'argent sur moi. Je reviens à la maison pour en chercher, je pénètre inaperçue jusqu'à ma chambre, et je crois entendre le son d'une voix qui ne m'était pas inconnue: j'écoute; c'est la voix de ma mère. Une idée horrible vient aussitôt troubler mon esprit: je pousse avec précipitation la porte, et j'entre brusquement dans la chambre . . . . . . . . . . . . . . . . . .
Alors seulement je m'aperçus que j'avais été jouée, horriblement jouée par une machination infernale; alors je m'expliquai la crise qui avait eu lieu chez mon père, et la demande de mariage pour endormir l'esprit crédule du bon homme. L'abyme creusé par l'enfer, dans lequel je m'étais precipitée, était devant mon esprit; j'en mesurais la profondeur et j'en gémissais. J'avais

envie d'aller tout découvrir à mon pauvre père, mais qu'aurais-je fait? J'aurais poignardé son cœur sans changer celui de ma mère. Il suffisait bien d'une victime, pourquoi en aurais-je fait deux? Je pris le parti de tout souffrir et de me taire.

J'étais malheureuse, mon mari me faisait horreur; quand je me trouvais seule avec lui, j'avais presque peur. Cependant lui, il n'était pas plus heureux que moi: il était devenu triste et pensif, il ne me parlait que rarement, et encore n'était-ce que par nécessité. Je n'étais plus en butte, il est vrai, à ces peines d'esprit, qui avaient jusqu'alors contribué à rendre ma position encore plus malheureuse, mais mon cœur, troublé sans cesse par la vue de cet homme, était bien loin de goûter ce calme apparent, qui régnait chez moi. Je passais ainsi tristement mes jours, insouciante de l'avenir, lorsque je m'aperçus que la santé de mon mari s'était considérablement altérée. Etait-ce l'effet immédiat des remords? était-ce une maladie qui circulait déjà dans son sang, et dont l'apparition n'avait été qu'accélérée par les événemens? Je ne saurais pas le dire ; tout ce que je sais, c'est qu'il était devenu pâle, maigre et qu'il avait souvent des accès qui, en lui ôtant presque la respiration, le privaient entièrement de ses forces. Il tombait alors comme un cadavre, et ce n'était qu'un râle hideux, qui augmentait encore l'horreur de son état, qui nous empêchait de le croire mort. Les médecins, ayant inutilement essayé le pouvoir de leur art, l'avaient conseillé d'aller prendre les bains de mer à Gênes. La saison était favorable, et il me pria de l'accompagner. J'aurais volontiers refusé la charge qu'il voulait m'imposer, mais, outre que mon refus aurait été blâmé par le monde qui ne connaissait pas la plaie de mon cœur, l'air de soumission dont il accompagna ses prières, et son état pitoyable, firent taire pour un instant tout autre sentiment: je consentis à être sa compagne de voyage. Nous fîmes nos apprêts, et partîmes deux jours après dans une voiture de louage. Il souffrit beaucoup dans la journée, toutefois, après une nuit assez tranquille dans une auberge, où nous eûmes le bonheur de trouver tout ce dont il pouvait avoir besoin, il parut le lendemain en état de continuer le voyage. Nous reprîmes donc notre route, toujours prêts à nous arrêter, dès que nous l'eussions cru nécessaire. Le matin il se plaignit beaucoup, mais il parut plus calme l'après-dîner; je crus même qu'il s'était endormi le soir. Nous arrivâmes à Gênes à nuit close : quand la voiture s'arrêta, je descendis en lui criant: « — Achille nous y sommes — ». Il ne répondit rien; je criai une seconde fois; même silence. Je montai alors sur le marchepied, et je lui saisis la main pour le secouer, croyant qu'il dormait encore ...... Cette main, M.r ...... cette main, je la sens encore sous la mienne, cette main était glacée. — Je ne fis qu'un cri: je tombai entre les bras du voiturier qui était derrière moi.

Je fus quelques jours malade, je revins après à Turin dans la maison de mon père, qui me reçut avec toute la bonté qui est propre à son caractère, et j'y suis encore.

Quelques curiosités de la ville de Turin.

J'ai ici un oncle qui est graveur en chef à la Monnaie de Turin. C'est un de ces hommes rares qui possèdent le vrai mérite, sans en avoir les prétentions, un homme qui ne parle jamais, ni de lui, ni de ses découvertes et qui, au lieu d'ambitionner et demander des distinctions, se contente de les mériter par ses productions. Les intelligens et les artistes admirent beaucoup ses travaux : cet été encore il mérita à la cour de Vienne la décoration de l'Ordre du mérite. A tout cela il ajoute un cœur excellent et une complaisance au-

-dessus de tous les éloges. Je pensais que toute visite, y compris celle des neveux, devait être toujours fort incommode pour cette sorte d'artistes, car le tems est pour eux une chose bien précieuse, et les visites en demandent toujours beaucoup, surtout quand le visiteur est un parent, que l'on reçoit pour la première fois chez soi. Malgré tout cela je crus m'apercevoir, quand je me montrai chez lui, qu'il était vraiment charmé de m'embrasser. Après les questions et les réponses ordinaires entre parens en pareille circonstance, il me montra sur ma prière quelques uns de ses travaux, que j'admirai; ensuite il me proposa de m'accompagner, quand je serais sorti, pour me servir de Cicérone dans les visites, qu'il jugea bien que je n'aurais pas manqué de faire. Je fus enchanté de cette offre à laquelle je ne me serais jamais attendu, d'autant plus que l'état de sa santé n'était pas le meilleur, ainsi, après l'avoir remercié dans les termes, qui me parurent les plus propres à lui témoigner ma reconnaissance, j'acceptai. Nous sortîmes donc ensemble peu de tems après ; il était dix heures, et jugeant qu'il était prudent de songer à notre déjeuner avant de nous mettre en route, nous allâmes faire notre première visite au café *san Carlo*, qui est une véritable beauté.

Il y a à Turin une quantité prodigieuse de cafés. Les principaux sont tous décorés avec un bon goût et un luxe extraordinaire : les plus belles glaces, les peintures, les dorures, n'y sont point épargnées ; cependant ils sont tous encore bien loin de la magnificence de celui-ci. Si je ne me suis pas trompé, j'y ai compté dix pièces au moins : celle qui arrêta plus long tems mon attention, ce fut une très--vaste salle carrée, dont la richesse, répandue avec beaucoup d'intelligence, pensa m'éblouir. Vue la nuit cette salle, lorsque les lustres à gaz suspendus à la voûte versent leur jour sur ses riches décors, c'est un vrai charme. Quelqu'un qu'y entrerait le soir, quand elle est remplie de monde, voyant tous les objets multipliés par un effet naturel des glaces qui couvrent les parois, se croirait dans une immense place, animée par un peuple entier ; il se dirait au milieu d'un festin public, et, tout en admirant la propreté et la décence des petits clubs assis autour de jolis guéridons, il serait surpris de ne pouvoir calculer la vastité de la place, se perdant dans un fond brumeux.

En sortant du café, nous allâmes voir la statue équestre du duc Emanuel Philibert de Chambery, qui mourut à Turin en 1580. Cette belle statue en bronze sur un piédestal en granit, dont le roi Charles Albert voulut orner sa capitale, s'élève au centre d'une place carrée-longue, qui a, dit-on, pour sa magnificence peu de pareilles en Europe. Après l'avoir considérée quelque tems, mon oncle me dit : « — Quelque beau que nous paraisse ce travail, il n'a pu échapper à la critique de quelques uns, qui trouvèrent le cheval un peu lourd. Qu'en dis-tu ? — ». Je l'examinai encore plus attentivement, que je n'avais fait jusqu'alors, et puis je répondis. « — S'il m'est permis de dire tout ce que je pense là-dessus, je dirai que, si le duc, tout couvert d'acier et dans toute la vigueur d'un guerrier de son tems, montait un svelte cheval anglais, je craindrais fort pour l'animal — ». Mon oncle, sans me dire ouvertement qu'il approuvait la remarque que je venais de faire, se contenta de sourire, et passant presqu'en même tems son bras droit sous mon gauche, il m'entraîna loin de là. « — Je compte, me dit-il, quand nous fûmes en route, te montrer un joli pont en pierre sur la Dora qui vaut assurément la peine d'être vu. C'est un ouvrage hardi de l'architecte Mosca, qui en dirigea la construction en 1823 sous le règne de Charles Félix — ». Le chemin me parut un peu long, mais je ne m'en repentis pas: ce beau pont d'une seule arcade, de 45 mètres de largeur, est vraiment digne de toute l'attention d'un observateur. « — Du tems de cette construction, dit mon oncle, on prétendait, qu'au moment d'ôter les supports composant l'échafaudage, le pont serait tombé. Ce tems venu, l'architecte, pour prouver combien il était sûr de se qu'il avait fait, se plaça sous l'arcade, et y demeura jusqu'à ce que le pont fût entièrement débarassé de ses appuis. Heureusement ce furent ses envieux qui en eurent le démenti — ».

Il était presque midi, quand nous quittâmes le pont pour nous diriger vers la galerie de peinture dans le palais Madama. Chemin fesant, mon oncle me parla de cette galerie d'une manière à exciter toute ma curiosité, quand elle n'eût pas été déja bien vive. Il s'étendit beaucoup sur les chefs--d'œuvre italiens que l'on y admire, et dont la quantité me surprit quelques instans après; il me nomma quelques auteurs français, allemands, espagnols, hollandais, me parla de leur génie et de leur travaux, mais quand nous fumes aux flamands, il me dit: « — Cette école est si riche chez nous, elle nous a laissé tant de trésors, que, si l'on me forçait d'en dire quelque chose, je me trouverais fort embarassé de savoir par où je commencerais — ». Mon oncle ne cessa de parler, que quand nous allions mettre le pied sur le seuil de ce sanctuaire des arts. Là il n'était pas assurément dans l'intention de me quitter, cependant, malgré tout le plaisir que j'aurai eu à m'y trouver avec un artiste tel que lui, voyant qu'il était pâle, et peut-être souffrant, quoiqu'il ne voulut pas l'avouer, je le priai de se retirer. Il consentit, non sans quelque difficulté, et je restai seul. — La première chose qui se présenta à ma vue, ce fut l'inscription qui suit.

IL RE CARLO ALBERTO
LE PRECLARE OPERE DE' SOMMI MAESTRI
ONDE S'ADORNAVA LA REGGIA
DE' SUOI MAGGIORI
CON REALE MUNIFICENZA
QUI FECE IN BELL'ORDINE DISPORRE
PER CHE MEGLIO CONSIDERATE
SERVANO ALL'INCREMENTO DELLE ARTI
BELLE
IL TRENTA DI SETTEMBRE
DELL' ANNO MDCCCXXXII.

Cette inscription, jointe à tout ce que m'avait dit mon oncle, produisit sur moi l'effet qui me paraît naturel : je n'avançai plus dans cette galerie qu'avec respect et vénération. Je sentis pourtant mon respect et ma vénération s'augmenter encore, quand les prodiges de ces anciens maîtres de l'art commencèrent à se déployer devant moi. — Oh! avec quel plaisir j'en parlerais, si non de tous, au moins de ceux qui me frappèrent le plus! Mais, outre qu'il me faudrait plus de tems que je n'en ai, je sens qu'il me serait impossible de parler dignement de Rubens, de Caracci, de Guido Reni, de Raffaello, de Crespi, de Gaudence Ferrari, et de tant d'autres, dont on ne saurait prononcer le nom devant un artiste, sans lui arracher presque involontairement quelque geste d'admiration. D'ailleurs le marquis d'Azeglio s'en est chargé; c'est une charge digne de lui : ce n'est qu'un bienheureux, qu'un habitant du ciel, qui pourrait justement parler de la divinité. Cependant il n'est pas toujours nécessaire de s'expliquer la cause pour en éprouver les effets; pour admirer la création, on n'exige pas que l'on soit créateur. Je pense même qu'il n'y a pas un homme assez ignorant, assez stupide, pour ne pas être ému à la vue de certains prodiges de l'art, car si l'on disait au manant le plus bête qui eût jamais existé, que l'homme est l'ouvrage d'un autre homme comme lui, en comparant ses forces nulles avec celles de cet homme supérieur, ce manant ne pourrait demeurer impassible. Ne voulant donc parler que de l'effet, que la vue de ces objets produisit sur moi, je dirai, qu'en parcourant ces salles, j'ai parfois éprouvé comme un frisson qui passait rapidement par tous les membres de mon corps; je dirai, que je fus bien souvent en proie à des sensations si fortes, que je ne saurais pas expliquer. A la posture du Fils prodigue du Guercino, à la vie que l'on communiqua à ses bras, à ses mains qui se serrent l'une contre l'autre, comme quelqu'un qui demande un pardon dont il ne se croit pas digne, à la pose que le peintre sut donner à cette figure divine, je lisais sur son visage tous les sentimens qui passaient dans son âme, quoiqu'il eût la tête tournée. Je m'extasiais sur les quatre élémens de l'Albano, je m'éprenais d'amour à la vue de ces jolies têtes du

Dolce, qui ne peuvent avoir de modèles que dans les Cieux, et, en la contemplation d'un grand tableau de Paolo Veronese, j'ai cru que la Madelaine, qui lave les pieds à Christ, allait m'enlever. Dans mon extase, je me souvins des paroles de Correggio, lorsqu'inspiré, en voyant la sainte Cécile de Raffaele, s'ecria : *Anch'io son pittore*, et je me disais : « — Qu'il serait heureux le mortel qui, en voyant ces prodiges, pourrait dire : — Je serai un homme comme ceux-là — ». S'il avait dépendu entièrement de moi, je crois que je ne serai sorti de ce sanctuaire que le lendemain; mais, le jour tombait, et, considérant qu'il m'aurait été, si non impossible, au moins inutile d'y rester plus long tems, je me décidai enfin, non sans regret, à quitter ces salles et leurs trésors.

Le lendemain j'allai voir mon oncle; il se portait mieux et voulait m'accompagner, mais, craignant d'abuser de sa bonté, je voulus continuer mes visites tout seul. — A dix heures et demi j'étais dans le musée égyptien et d'antiquités. Parmi le peu de statues, de bustes et de têtes en marbre, ce qui m'occupa le plus, ce fut : une tête d'Antinoo couronnée de pampres, à la manière des bacchantes, une tête de Cyclope, et un Cupidon étendu de son long, dormant sur la peau d'un lion, qui me retint plus d'un quart d'heure. Les femmes, les enfans mêmes, ne sauraient passer devant ce chef d'œuvre, qui me parut divin, sans s'arrêter quelque instant de plus qu'ils ne s'arrêtent devant les autres antiquités de ce genre, et, tout ignorans qu'ils sont, ils ne peuvent pas s'empêcher, après quelques minutes de considération, de joindre leurs mains, et de s'écrier d'un air, un peu sot, si tu veux, mais pourtant vrai : « — Que c'est beau ! — » Les statues colossales d'une seule pièce des anciens Pharaons, presque toutes en granit ou en basalte, les trois statues de Sesostris, et beaucoup d'autres de divinités et d'animaux sacrés, jointes aux sarcophages tous en pierres des plus dures, me surprirent : quand je considérais que tout cela avait été tiré de l'Egypte, il m'était impossible de ne pas admirer la liberalité du roi Charles

Félix, auquel le Musée de Turin est redevable de toutes ces richesses. De peur de n'en plus finir, je te ferai grâce de toutes les momies humaines si bien conservées que l'étranger ne peut voir sans étonnement; je te ferai grâce de même de toutes celles de chats, d'éperviers, de poissons et de reptiles que l'on y admire avec une curiosité et un plaisir sans pareil. Que dirai-je en outre de toutes les petites idoles, des tableaux sculptés, ou peints, avec lesquels les Egyptiens éternisaient le souvenir de leurs trépassés? Que dirai-je des parchemins, et d'une infinité d'autres objets qui servaient au culte égyptien? Il faudrait un volume, et cela me ferait dépasser la borne que je me suis proposée; cette borne, tu la vois déja, ce n'est pas d'approfondir les choses, mais de les effleurer seulement, suivant la devise d'un journal de chez nous « *Glissons n'appuyons pas.* De crainte donc de laisser derrière moi des limites qui doivent toujours être devant mes yeux, de peur que je ne dise plus que je ne voudrais avoir dit, permets-

-moi de passer outre. — Je vis ensuite le musée de Minéralogie qui, dit-on, n'a plus rien à envier aux plus célèbres d'Europe. Après je vis celui d'histoire naturelle, où j'eus lieu d'admirer une belle collection de mammifères, de poissons, d'oiseaux, de reptiles, d'insectes et de testacées. Serais tu maintenant capable de deviner quelles étaient les pensées qui se passaient dans l'esprit de ton ami, en voyant toutes ces richesses de la nature? Je pourrais bien te le donner à deviner en vingt, en trente, en cinquante, que tu n'y approcherais nullement. Je songeais, ris avec moi, tu en as bien raison, je songeais à ce que devait être l'arche de Noë, dans laquelle on fit entrer une paire de tous les animaux; je me disais : — « Si tous ces êtres qui m'environnent étaient vivans!..... J'entendais alors dans mon imagination le bruit horrible qu'ils auraient fait, car je jugeais bien que, dans ma supposition, ils ne seraient pas restés aussi tranquilles, qu'ils l'étaient là, empaillés dans leurs niches; je me les figurais même agissant suivant leur instinct naturel, suivant leurs penchans particuliers, et, en voyant leur fureur, leurs guerres et le carnage qui en serait résulté, je plaignais le pauvre directeur du musée, en riant comme un fou. Ma folie cependant ne m'empêcha pas d'admirer la providence divine dans l'ordre parfait qui régnait dans l'arche.

En quittant le musée, j'allai à l'arsenal d'armes anciennes, qui est sans contredit un des plus magnifiques, si je puis en juger d'après le peu que j'ai vu en ce genre, et il me semble que l'on ne nous trompe pas, quand on dit que l'arsenal de Turin est un des plus riches et des plus beaux, après celui de Madrid. On y admire, entre autres, l'armure très-polie et complète d'Emanuel Philibert parmi une grande quantité de cottes, de casques, de sabres, de cuirasses et d'autres armes anciennes de tout genre, dont les ciselures sont parfois d'un travail si fin, et si beau, qu'un Français dirait en les voyant. « — C'est d'une beauté désespérante! — » Il faut ajouter à tout cela un recueil d'armes indiennes, et un autre encore plus précieux et très-riche d'armes à feu des premiers tems. Le tout est si bien conservé, disposé avec tant d'ordre, avec tant de magnificence dans une très-longue et spacieuse galerie, que l'étranger en est frappé.

Qu'en dis-tu, mon ami? Je n'emploie pas mal mon tems à Turin, n'est ce pas? Tu en jugeras.

Rencontre de la Turinaise à la poste.

Pour peu que tu aies pris intérêt à ma Turinaise, en lisant son histoire, je suppose que tu ne seras pas fâché d'apprendre de ses nouvelles, malgré la prétention que tu auras sans doute de les deviner. — Quand on est en train on marche, tu diras. — A la bonne heure! mais il n'est pas dit que l'on marchera toujours droit; bien souvent on marche de côté, et quelquefois même on recule : voila ce qui reste à savoir. La conduite de cette dame à mon égard a pris maintenant un caractère si original, que tous les vieux routiers, malgré leur finesse, ne sauraient s'en faire une idée. Je me souviens d'avoir dit, que, pendant sa dernière visite, elle fut avec moi plus aimable que jamais. En effet elle me donna des marques d'amitié, qu'elle ne m'avait pas encore données jusqu'alors, et me parlait quelquefois avec tant de tendresse, que l'on aurait pu prendre son amitié presque pour de la passion. Il est aisé d'imaginer que nous ne nous quittâmes pas avant d'avoir réglé un troisième tête à tête : il devait avoir lieu deux jours après, même laps de tems qu'elle avait mis entre sa première et sa seconde visite, afin que le vieux parent, qui la voyait venir chez moi, ne soupçonnât pas sa vertu. Je l'attendais donc chez moi hier, comme nous en étions convenus, à deux heures et demi; elle ne vint pas. Cela me déconcerta un peu, mais, jugeant qu'un accident imprévu l'eût retenue à la maison, je ne doutais nullement qu'elle ne serait venue aujourd'hui à la même heure. En attendant l'heure du rendez-vous, ce matin j'allai vers les neuf heures à la poste pour y affranchir une lettre que j'écrivais à ma mère; en montant les marches de l'espèce de parlier qui se trouve devant le bureau, j'y vis ma mie avec une autre dame, qui s'y trouvaient apparamment pour la même cause que moi. Elle se retourne par hasard, et me voit; je lui souris, et tu penses peut-être qu'elle n'aura pas manqué d'en faire autant; point du tout, elle tourna la tête, et avec tant de précipitation, que je n'eus pas le tems de m'apercevoir si ma vue lui eût fait plaisir ou peine: je ne fus portant pas long tems à le deviner. Je pris d'abord ce procédé pour une précaution, en me disant que la dame qui l'accompagnait l'exigeait peut-être. Je n'osai donc l'aborder, je m'éloignai même de quelques pas, et je me disposai à les suivre, quand elles se seraient mises en marche. Mon aimable Turinaise, qui s'en aperçut, se baissa vers sa compagne, lui chuchota quelques mots à l'oreille, et descendit ensuite l'escalier toute seule. — Elle est bien charmante cette dame, me dis-je; elle a trouvé moyen de se défaire de sa compagne, pour me ménager l'occasion de lui parler tout à mon aise. — Je gage que tu en aurais dit autant en pareille circonstance. Eh bien ! tu te serais trompé comme moi. Dès qu'elle eut descendu les degrés, elle se mit à marcher à pas précipité, et moi de la suivre, un peu loin, bien entendu, car je ne voulais pas que sa compagne, qui était restée derrière nous, s'en aperçût: il faut toujours ménager les dames qui ont de la délicatesse. Cependant quand nous eûmes tourné le coin, voyant qu'il n'y avait plus personne qui pût nous observer, et d'ailleurs voyant qu'elle s'éloignait, je doublai le pas; je n'en étais plus qu'à une très-petite distance, lorsque, entendant le bruit de mes talons à ses trousses, et prévoyant qu'il lui aurait été impossible de se soustraire à ma poursuite, comme un enfant qui apercevrait un fantôme dans la nuit, elle se sauva à toutes jambes. Ce n'était plus une femme qui cherchait à me parler, c'était une femme qui me fuyait, la chose était claire. — Quand une femme s'en va, il faut la laisser aller, je le sais, et c'est précisément ce que j'aurais fait, mais quand on s'en va d'une manière si étrange, on ne peut pas se défendre d'en chercher la cause. Faisant en conséquence taire en moi tout autre sentiment, et piqué par celui seul de la curiosité, je me crus en devoir d'imiter sa course; alors la friponne s'enfonça dans les détours de l'hôtel voisin, qui est comme un petit labyrinthe, et disparut. J'eus beau courir, je n'avais pas l'usage de ces détours; je n'aboutis sous les portiques que quand elle n'y était plus. Je demeurai là, droit comme un poteau, regardant de toute part, et ne pouvant revenir de ma surprise. — Qu'une femme après avoir eu de la passion pour un homme, le quitte brutalement quand la passion s'en est allée, sans lui dire, que c'est parce qu'il ne lui sert plus à rien, et qu'elle n'a jamais aimé en lui que son propre plaisir; qu'une femme, dis-je, nous quitte en pareille occasion, sans nullement s'embarrasser de ce qu'il en coûtera au malheureux qu'elle délaisse, je le conçois fort bien ; mais, qu'elle nous quitte si brusquement, d'une manière si extravagante, quand le sentiment qui nous liait n'était que celui d'une amitié pure, c'est ce que je ne sais pas encore m'expliquer. — Mais, puisqu'il n'y a pas d'apparence que j'en obtienne une explication, car l'hôte lui même me paraît décidé à garder un mystère sur tout ce qui regarde cette femme singulière, voyons nous mêmes, si, en réduisant la question aux termes les plus simples, il nous est possible d'en faciliter la décision. Aurait-elle découvert en moi quelque défaut qui l'eût effarouchée? mais la dernière fois encore, quand elle vint me voir, elle trouva moyen de dire quelque chose qui flatta beaucoup mon amour propre, de sorte que je ne pense pas me tromper, en croyant qu'elle trouvait mes manières et ma personne, telle qu'elle est, fort à son gré. Serais-je donc assez beau, assez redoutable, pour que l'on puisse dire de moi, comme on dit de certains pêchés, que l'on ne peut y résister qu'en se sauvant? Si le problème est là, je t'en laisse toute la gloire de la solution. Adieu.

Superga, ou tombeaux des rois.

Je reviens de Superga, ou tombeaux des rois. Ce sanctuaire s'élève à l'orient de Turin sur le sommet d'une très--haute et ronde colline, à trois milles de la ville. La montée est longue, et passablement difficile, il y a pourtant moyen de la rendre douce, si l'on veut se donner la peine de s'arrêter un instant à cent pas de la colline, et de lever les yeux sur une chétive maison, où on lit en gros caractères : « — *Qui si fitta somari per Superga* — ». Mais avant d'entrer dans les détails de ma promenade, il faut que tu connaisses mes compagnons, et comment il s'associèrent avec moi. — En dînant hier dans mon auberge, je parlais du projet que j'avais formé de monter aujourd'hui de bon matin à Superga, et je disais, que je n'aurais pas été fâché du tout, si j'avais pu trouver un compagnon qui eût voulu faire cette course avec moi. Alors une voix rauque et tonnante partit d'un coin de la salle, et me fit entendre ces paroles: « — Moi, si vous voulez, je vous accompagnerai — ». Je haussai aussitôt la tête; avant de répondre je voulais examiner un instant l'homme qui me faisait si grâcieusement l'offre de sa compagnie; mais, tandis que je m'amusais à considérer son vaste chapeau à basse forme, dont les bords pouvaient à peine couvrir ses joues d'une ampleur sans pareille, il continua: « — Je suis venu à la capitale pour monter à Superga avec ma fille qui n'y a pas encore été; ainsi, puisque vous êtes seul... — » et il montrait du doigt une jolie blonde à la taille élancée et souple, à qui on aurait bien pu donner 18 ans, quoiqu'elle n'en eût que 14, comme elle me l'apprit dans la suite, une chère enfant au teint de lys et rose, au sourire ingénu, la quelle me regardait d'un air qui paraissait me dire : « — Dites que oui, M.$^r$ — ». Oui, répondis-je alors au père qui attendait ma réponse, et il fut aussitôt convenu, que le garçon nous aurait éveillés le lendemain de bonne heure. Ils furent tous les deux, père et fille, fort satisfaits de ma réponse. Comme ils avaient fini leur repas, ils se levèrent en me saluant, et se disposèrent à sortir. Alors mon nouveau compagnon, que la table m'avait jusqu'alors empêché de voir dans son complet, se montra à mes yeux dans toute sa beauté : mon ami, il me parut un avorton. Figure-toi : quatre pieds de haut, tout au plus, jambes courtes, épaules larges, membres ronds, et avec tout cela un ventre énorme, qui du menton lui descendait jusqu'aux genoux: on aurait pu le prendre aisément pour un ballot de marchandise, auquel on aurait attaché une tête et deux pieds. Oh! prodige de la nature! m'écriai-je en moi même. Comment se peut-il que...... Mais, ce sont des phénomènes que l'on ne voit pas si rarement. En les voyant sortir ensemble, il me paraissait voir un crapaud de la fable, marchant à côté d'une rose.

Le lendemain, comme je sortais de ma chambre, je trouvai père et fille déjà tout prêts, qui m'attendaient. — La conversation en chemin s'engagea d'abord avec le père, qui se lassa bientôt de causer. Alors je me tournai vers la fille, je lui offris mon bras, qu'elle accepta avec la facilité qui est propre à une fille tout innocente, et je lui dis:

« — Est-ce la première fois que vous venez à Turin?

— Oui, M.ʳ, répondit-elle, et je serais bien contente d'y être venue, si ma sœur était avec moi, mais il a fallu qu'elle demeurât au logis, car mon père, en quittant la maison, exige qu'il y reste toujours quelqu'un de la famille.

— Vous n'avez donc pas de mère? repris-je.

— Oh! si j'avais une mère, je ne voudrais pas la quitter un seul instant, ma pauvre mère.

Je fus charmé de trouver dans cette enfant de la campagne ce débit facile que l'on ne trouve pas toujours dans nos demoiselles, je ne dirai pas dans les demoiselles de monastère, ou de collège, mais pas même dans celles, dont l'éducation se fait dans le monde. Pour prolonger donc le plaisir, que je trouvais à causer avec cette fille tout aimable, je continuai :

— Vous aimiez donc beaucoup votre mère ?

— C'est à dire, que je l'aurais aimée beaucoup, que je l'aurais adorée, cette pauvre femme, si je l'avais connue, mais elle est morte quand je suis née ».
— En disant cela elle se mit à pleurer.

« — Ma chère fille, lui dis-je alors, vous pleurez sans doute votre pauvre mère, que vous n'avez pas connue ?

— Ce n'est pas encore cela, M.r, c'est qu'il y a des personnes qui s'obstinent à dire, que je fus la cause de sa mort. Je ne sais pas comment cela peut être arrivé, mais avouez, M.r, que pour une fille qui aime ses parens, cela doit faire bien de la peine, de s'entendre dire que l'on a tué sa mère, car c'est vraiment *tué* que disent ces méchans — ». Ce fut une nouvelle surprise pour moi de trouver une simplicité que je ne croyais plus possible dans une fille de 14 ans, dans quelque recoin du monde que ce fût, et voulant la consoler, sans pourtant entrer dans aucune explication, je lui dis :

« — Soyez tranquille, ma chère fille, et croyez que l'on ne peut pas tuer sans le vouloir. Du reste, le monde est méchant, il s'amuse parfois à nous tourmenter injustement, mais vous, continuez d'aimer votre mère, quoique vous ne l'ayez pas connue; faites toujours le bien sans demander d'autre satisfaction que celle de votre cœur, et laissez que l'on dise.

— Ah ! vous êtes bon, vous, M.r ! — » et elle essuyait ses pleurs, elle serrait avec violence mon bras contre son sein, comme pour me remercier de la paix que j'apportais à son esprit, et de la consolation que je versais dans son cœur.

Le père, à quelque pas de nous, essuyait la sueur qui de son front ruisselait sur sa vaste figure; il soufflait de façon, que ses joues, s'enflant et se retrécissant à chaque seconde, avaient tout l'air d'un grand soufflet de forge. J'allai alors au-devant de lui, et je lui demandai s'il était bien fatigué.

— Oh! mon Dieu, oui! — En prononçant ces mots, il s'arrêta, écarta ses deux jambes, et souffla si fort, que l'on aurait dit qu'il allait me souffler en l'air. « — Comment, me disais-je, cet homme-là pourra-t-il aller jusqu'a Superga ? — » Heureusement ce fut alors que nous rencontrâmes un bon paysan qui nous montra derrière nous la masure, où gisaient dans leur étable trois amis, auxquels nous avions eu le tort de ne pas songer, et qui devaient jouer un rôle si important dans les scènes qui arrivèrent. Nous rebroussâmes aussitôt chemin. — Arrivés à la masure, je demandai à un garçon, qui se présenta le premier, s'il n'y avait pas trois montures pour aller à Superga.

« — Vous voulez dire trois ânes, Messieurs, répondit-il?

— Comme vous voudrez, continuai-je; pourvu que ce soit fait à l'instant. — Tandis qu'il allait chercher ses bêtes, je priai une vieille-femme, qui se montrait à une petite porte, de nous donner un siège, pour que mon compagnon pût se reposer un peu. Elle nous apporta un petit placet en bois vermoulu, qui craquait si fort sous le poids du bon homme, qu'à chaque souffle qu'il nous envoyait, je me tournais pour voir s'il n'était pas assis par terre. Le garçon arriva peu de tems après, et entre autres il nous amenait un bourriquet qui, avec un ventre excessivement gros pour lui, n'avait pas plus de 3 pieds de haut. Je jugeai aussitôt, que c'était la monture qu'il fallait pour M.$^r$ George, le nom de mon compagnon, et en me tournant presqu'en même tems vers lui, je lui criai. « — Alons, M.$^r$, à cheval.

— Quoi??.... ce fut sa réponse. — Il ne s'agit pas de se tenir *coi*, lui dis-je alors, il s'agit de se mettre en chemin; allons, M.$^r$, du courage! — ».

Il se leva, et s'approcha, tout en souf-

flant, du bourriquet que je lui montrais :
il appuya une main sur le cou de l'animal, mais quand il haussa la jambe
pour monter, l'animal se baissa, et il
roula de tout le poids de son corps
sur l'ânier qui se tenait à côté de lui :
celui-ci alla s'asseoir par terre à quelques pas de distance, et mon compagnon eut le bonheur de se tenir debout. Je voulais lui donner alors une
petite leçon d'équitation ; le bon homme refusa de m'écouter, il demanda
qu'on lui apportât le petit placet en
bois. Il monta dessus, mais au moment
de passer sa jambe, il donna un coup
de pied au bourriquet qui, tout paisible qu'il était, s'écarta un peu, et la
figure du malheureux cavalier atteignit
la place que refusait son derrière. Nous
l'empêchâmes de tomber ; puis, l'ânier,
aidé par le paysan qui nous avait accompagnés, parvint, non sans beaucoup
de peine, à le mettre à cheval : l'ânier
l'avait saisi par une jambe, le paysan
par le ventre, et M.ʳ George de crier :
« — Je tombe — » heureusement il
tomba sur la selle. — Je ne pus m'empê-

cher de rire quand je vis cet homme à cheval : il ressemblait parfaitement à ces Bacchus enfourchant un tonneau, qui servent d'enseigne à la porte des cabarets. Quand il fut placé, je ne m'occupai plus que de sa fille qui, aidée par moi, sauta sur son âne avec tant d'adresse et de légèreté, que si elle en avait eu l'habitude. J'en fis autant un moment après, et nous fûmes bientôt en chemin. Cependant notre marche fut presqu'aussitôt arrêtée par un nouvel accident, auquel nous ne nous attendions assurément pas. M.r George, qui n'avait pas calculé la petite secousse qu'il aurait reçue de son âne au moment de se mettre en route, fut fortement ébranlé ; il chancela sur sa selle, menaça de tomber à droite, puis à gauche, enfin, comme s'il eût voulu tromper ceux qui couraient à son secours, il leva son sédiment en l'air, et se glissa à terre par devant l'animal. Tout cela se fit avec tant de rapidité, que l'on n'arriva à lui que pour l'aider à se relever. Malgré notre effroi, il ne se fit aucun mal. — Ce n'est rien, disait-il à ceux qui essuyaient la poussière de ses habits, ce n'est rien ; ce sont des accidens qui arrivent. C'est la première fois que je monte à cheval !.... « Je le pense bien, l'interrompis-je alors, et je crois que c'est aussi la première fois que vous en descendez — ». Il ne répondit rien, il se contenta de souffler ; il avait alors raison de le faire, parce que, quoiqu'il n'eût pas encore fait une longue cavalcade, il en avait pourtant déja essuyé toutes les peines. La jeune-fille, encore toute effrayée du danger que son père venait de courir, proposait de continuer la route à pieds, et M.r George, qui ne cessait pas de souffler, protestait que, si l'on ne trouvait pas un moyen plus commode de voyager, il s'en retournait à Turin. Je l'avais prévu, mais comme les deux tempéraments que l'on proposait ne me convenaient pas, j'allais du père à la fille, et de la fille au père, en épuisant toute ma rhétorique pour rassurer l'une, et persuader l'autre. J'avais l'air d'un capitaine qui encourage à l'attaque des soldats timides: je leur représentais la nullité des périls, pour peu que l'on eût voulu suivre les conseils du capitaine, je leur parlais de la victoire et de ses lauriers, je m'étendis ensuite sur la honte de renoncer à un si beau projet, sur le ridicule de s'en retourner sans avoir rien vu, en un mot, je fis si bien, que la fille se tut, et le père consentit en soufflant de se laisser remettre en selle, à condition que l'ânier aurait toujours marché à côté de lui. Cela convenu, mon compagnon, à l'aide du paysan et de l'ânier, reprit la place qu'il avait si brusquement quittée, et la marche recommença.

Nous arrivâmes jusqu'à la moitié de notre chemin sans autre accident. La route jusque là, toujours enfoncée dans la colline, ne laissant pas voir les beautés d'à l'entour, m'aurait ennuyé beaucoup sans la conversation naïve et facile de cette chère enfant, qui me la rendit agréable. Je ne sais pas si M.r George en aura dit autant. Cependant il était devenu assez sûr pour se tenir en selle lui même, et assez hardi pour consentir que l'ânier s'écarta de lui. Il est bien vrai que, n'ayant pas encore appris à guider sa monture, il allait parfois s'égratigner contre les broussailles formant la haie de côté, mais, malgré tout cela, il était devenu assez bon cavalier pour éviter la culbute. Son bourriquet était maître absolu de ses actions, il allait où bon lui plaisait, si pourtant il ne s'arrêtait pas. Bien souvent, par une sympathie naturelle, il s'approchait de ses compagnons, les ânes, et alors la jambe du cavalier était prise avec tant de force entre le deux animaux, que le pauvre George poussait un cri de douleur. — J'eus lieu d'admirer le bon naturel de ma compagne, qui avait à chaque instant l'œil sur son père, craignant toujours qu'il ne lui arrivât quelque accident, et quand elle eut le malheur de voir l'âne qu'elle montait passer sur le chapeau qui était tombé à son père, elle en eut tant de repentir, qu'il aurait été impossible à Tullie d'en avoir un plus grand, si, après avoir fait passer son char sur le corps de Tarquin son père, elle eût été capable de reprendre des sentimens de fille.

Arrivés au sommet de la colline, nous laissâmes M.ʳ George se reposer un peu, ensuite nous prîmes le chemin du sanctuaire. Nous trouvâmes en arrivant, que des étrangers étaient montés sur la coupole ; jugeant à propos de profiter de l'occasion, pour ne pas obliger le concierge à remonter quand il en serait descendu, nous nous enfonçâmes aussitôt dans un éternel escalier à limaçon, qui était si étroit, qu'une seule personne pouvait à peine y passer. Tu peux imaginer quelle fut la consolation de M.ʳ George, en voyant cet escalier : il eut beau souffler, il fallait passer par là, s'il ne voulait pas renoncer au beau projet qu'il avait formé de tout montrer à sa fille.

« — Courage, M.ʳ George! lui dis-je, courage! Un peu de peine, et puis vous en aurez une large récompense : ici vous ne ferez pas la culbute.

— Je le crois bien, répondit-il —, et il se mit en chemin. — Nous ne gagnâmes pas tout d'un trait le faîte du temple, comme tu peux le penser : il a fallu nous arrêter au moins trois ou quatre fois pour laisser prendre haleine à mon compagnon, cependant nous y arrivâmes enfin. Dès que j'y fus, je considérai un peu le pays d'à l'entour, et puis, tirant de ma poche mes tablettes, je me préparai à écrire. La petite s'approcha de moi, et, de ce rire enfantin, qui lui était propre, elle me dit:

« — Qu'allez vous faire, M.ʳ ?

— Je vais peindre quelque chose qui est là-bas.

— Vous êtes donc peintre, M.ʳ ?

— Oui, ma belle.

— Oh! j'en suis charmée! Je vais voir......

— Vous allez voir, l'interrompis-je, mais non pas avant que cela soit fini. Les peintres ne laissent jamais voir leurs travaux, qu'après y avoir mis la dernière main.

— Eh bien! puisque vous le voulez, je me retirerai; mais je verrai après, n'est-ce pas?

— Sans doute, lui dis-je, je vous en donne ma parole — ». Elle s'éloigna, en me lançant derrière elle un de ces sourires, qui paraissent dire: « — Je vais voir quelque chose de beau — ». Je répondis à son sourire par un autre, que quelqu'un plus fin qu'elle aurait traduit par: « — Que vous vous trompez! — ». Elle n'eut pas sitôt réjoint son père, qui se reposait au tournant à peu de pas, que j'ouvris de nouveau mes tablettes, et je crayonnai ce qui suit.

Je suis tourné vers les Alpes: je vois sur ma gauche la ville de Turin, au-delà une droite et spacieuse route, toute flanquée d'ormes, qui mène à Rivoli; à côté de cette belle route, je remarque assez distinctement la vénerie royale, et à son extrémité, à cinq milles de la capitale, Rivoli lui même, qui me paraît une belle ville: on dirait qu'il est fier de me présenter son vieux château où naquit Charles Emmanuel premier, célébré par le Tasse. Sur ma droite je distingue Settimo, et quantité d'autres pays, dont je ne sais pas le nom, qui contribuent beaucoup à la beauté du tableau. La plaine qui se déroule devant moi se présente parfaitement comme un vaste jardin anglais parsemé de pays et bordé par le Po, qui coule en serpentant. Des langues de terre par-ci par-là, laissées à sec par le fleuve, semblent sortir de la surface des eaux, et se montrent aux yeux de l'observateur comme de petites îles, les unes arides et sablonneuses, les autres verdoyantes et plantées d'arbres les plus beaux, qui...... Mais voilà ma petite.

Elle demeura courte: elle retint un sourire qui allait lui échapper, en croyant voir ce qu'elle avait imaginé.

« — Comment!..... s'écria-t-elle.

— N'allez pas vous fâcher, ma chère, l'interrompis-je, et apprenez que l'on peut peindre une chose par des paroles, aussi bien que par des couleurs, et quelquefois encore mieux; parce que la parole peut entourer son sujet tout entier, elle peut entrer et s'enfoncer jusque dans les replis les plus cachés de son dedans, ce qui est défendu à la peinture — ». La pauvre fille me parut persuadée, mais peu contente.

Je fis ensuite avec elle et M.$^r$ George le tour de la coupole, en leur faisant remarquer tout ce qui me parut digne de leur attention. Nous démêlâmes les Apennins, les Alpes, mais nous arrêtâmes surtout nos regards sur l'obélisque du *Monte Viso,* et sur la pyramide du *Monte Rosa.*

" — Pourquoi l'appelle-t-on *Monte Rosa*, demanda la jeune-fille ?

— C'est, répondis-je, que le soir, quand le soleil a disparu de l'horizon, et que la nuit règne déja par tout autour, ce mont paraît sourire des derniers rayons de cet astre, qui dorent alors son sommet neigeux, et le présentent à nos yeux couleur rose.

— C'est bien, repondit M.r George, descendons — ".

En effet nous nous disposâmes à descendre, mais voyant alors la fille s'approcher de son père, et l'entretenir à voix basse de quelque chose, qui apparemment ne me regardait pas, je jugeai à propos de les devancer. Je mourais d'envie de voir ce temple qui par sa magnificence, dit-on, n'a peut--être pas d'égal dans toute la chrétienneté à pareille hauteur. La forme en est circulaire : huit piliers avec autant de colonnes servent de division à six chapelles elliptiques, et soutiennent la coupole qui s'élève à 733 mètres au-dessus du niveau de la mer. On touchait de l'orgue, quand j'y entrai, mais on ne voyait personne. Seul, au milieu d'un temple tel que celui-ci, où le silence presque sépulcral n'était interrompu que par les sons graves et mélodieux d'un orgue, c'était pour moi quelque chose d'enivrant, c'était quelque chose de céleste. Je me sentis un instant comme transporté hors de moi même; je crus qu'une force inconnue m'attirait vers la divinité, et la divinité m'absorbait tout entier. Que la religion me paraissait grande! Que je l'aimais alors! Ce fut un instant de bonheur. Pourquoi faut-il que la musique dans les temples n'obtienne pas toujours sur les fidèles le but que l'Eglise s'est proposé, en l'instituant! Pourquoi faut-il que le moindre objet, la plus petite idée d'ici-bas, nous précipite aussitôt du ciel sur la terre!..... Le père et la fille entrèrent, et mon extase disparut. Je restai encore quelque tems immobile, mais ce n'étaient plus que des sons communs que j'entendais, ce n'était plus qu'une simple église que je voyais. La figure de M.ʳ George me parut trop terrestre, pour que mon esprit continuât de planer dans les cieux : son ventre prosaïque détruisit toute ma poésie. Il vint à moi, ayant l'habit tout rapé, et si couvert de poussière et de toiles d'araignée, que l'on s'apercevait aussitôt, qu'il avait servi de plumail dans l'étroit escalier qu'il venait de descendre. Il souriait d'un air passablement bête, et, en fouillant dans ses poches, il me regardait de ce regard, par lequel un homme te dit : « — Je vais vous causer une agréable surprise — ». En effet je fus fort surpris, quand je vis qu'il en tira...... Oh ! tu ne le devinerais jamais : c'était une chose qui n'avait aucun rapport ni avec le temple, ni avec la musique, et moins encore avec mon exaltation, c'était...... Oh, mon Dieu ! j'ai honte de prononcer ce nom, qui me paraît encore plus prosaïque que son ventre, c'était un saucisson, qu'il dit avoir porté sur lui par précaution. « — Puisque nous n'avons plus rien à faire ici, dit-il, nous pouvons aller le manger à l'hôtellerie là-dehors —. Fi donc! lui criai-je. N'avez-vous pas honte, M.ʳ George: dans un temple si magnifique, tirer un saucisson tel que celui-là! Si le concierge s'en aperçoit, que voulez-vous qu'il pense de nous? Il est vrai que, comme il est empaqueté, et que l'on sait que nous venons de descendre de la coupole, on pourrait le prendre pour une longue-vue, mais par plus de précaution, cachez-le. Du reste, nous avons encore le plus important à voir, les tombeaux des rois — ». Déconcerté à ce reproche, qu'il eut la simplicité de prendre tout au sérieux, il cacha son saucisson.

Avant de sortir de l'église, la jeune-fille me fit plusieurs questions: entre autres elle me demanda, pourquoi on avait bâti un temple si magnifique sur le sommet de cette colline. A cette question, je rappelai les connaissances historiques que j'avais acquises sur Superga, et je répondis: « — Pendant la longue guerre, dite de la succession d'Espagne, lorsqu'il s'agissait de mettre sur le trône d'Espagne un prince autrichien, contre les prétentions de Louis XIV, Victor Amédée second, duc de Savoie, s'était ligué avec les Puissances ennemies de la France. Le roi français, indigné, ayant décidé la perte de Victor, vint mettre le siège devant sa capitale. Malgré le courage des Piémontais, qui, fidèles à leur souverain, se battaient comme des désespérés, malgré les efforts du duc, qui soutenait le siège avec toute la valeur et le courage d'un grand capitaine, la ruine du Piémont paraissait inévitable. Cependant, le jour d'une bataille décisive était arrivé; Amédée, qui était monté sur la colline de Superga pour examiner la disposition de l'ennemi, voyant la petite chapelle qui existait ici alors, promit à la Sainte Vierge que, s'il remportait la victoire, il aurait élevé à sa place un temple magnifique. La victoire eut lieu le 7 septembre 1706, et le duc tint sa promesse, en bâtissant le temple que vous voyez — ». Le concierge, qui avait écouté cette histoire qu'il connaissait déja, nous dit: « — Il faudrait monter à Superga le 8 septembre, jour de la naissance de la Vierge ; vous verriez un spectacle vraiment digne de votre curiosité. Tout le peuple de Turin se rassemble ici pour célébrer l'anniversaire du lendemain de la fameuse victoire dont vous venez de parler ; il y passe une grande partie de la journée en prières, en festins, jouissant de tout ce que la position du lieu et la campagne environnante lui offrent d'agréable et d'amusant — ». Il nous fit alors une description des tentes dressées par-ci par-là dans la campagne, des boutiques improvisées de toute part, des jeux publics, et il n'aurait plus fini, je crois, si M.r George, à qui il tardait d'aller fêter son saucisson, n'eût pas marqué de l'impatience. Alors le concierge nous introduisit dans une vaste maison dite le Séminaire, où, sous la conduite de 3 supérieurs, 15 jeunes religieux, choisis dans les différents diocèses du royaume, se perfectionnent dans la théologie : de là il nous conduisit par un ample escalier aux tombeaux. C'est une église souterraine en forme de croix, à voûte basse, où gisent les dépouilles des rois du Piémont. Le dernier venu occupe toujours la place de milieu. Dans le bras occidental de la croix, gît le fondateur, ayant à sa gauche dans un plus modeste tombeau sa femme, et à sa droite une salle qui recelle les restes des enfans royaux qui ne montèrent pas sur le trône. Dans le bras droit, un beau tombeau renferme les dépouilles du fils: il a, du côté droit, ses trois femmes, et du côté gauche une salle destinée à recevoir les restes de tous les enfans de la branche cadette. Du reste, tout autour de l'église, ce n'est que tombes, ou des niches pour les recevoir.

Pendant que je fesais ces remarques, ma compagne immobile devant la tombe d'une reine, paraissait en proie à une rêverie bien triste. Je m'approchai d'elle, et je la vis qui essuyait une larme.
« — Qu'avez-vous, ma chère enfant, lui dis-je?
— Oh, mon Dieu! répondit-elle, ne prenez pas garde à moi; ces tombeaux me rappellent un souvenir douloureux: je pleurais ma chère mère.

— Consolez-vous, ma pauvre fille, repris-je, consolez-vous. Vous voyez que la mort ne fait grâce à personne : les rois, les reines, les enfans royaux ne sont pas plus à ses yeux que le dernier de leurs sujets. Notre heure venue, il faut payer le tribut qu'elle nous a imposé en naissant, et qui nous donne le droit d'être tous considérés de même dans son royaume. Si votre mère a eu le bonheur de mourir en bonne chrétienne, ce dont je ne doute point......

— Oh! pour cela oui! interrompit--elle alors, ma pauvre mère était religieuse, à ce que l'on m'a dit, et bien religieuse.

— Eh bien donc! continuai-je, celle qui mérite d'être plainte, c'est vous. Pleurer votre mère, que Dieu a si tôt délivrée des maux de cette misérable vie, pour la récompenser dans l'autre, c'est lui envier son bonheur : vous ne sauriez pleurer que pour vous, et c'est de l'égoïsme — ». Elle fut frappée de ces réflexions, et, levant sur moi ses yeux encore humides des larmes qu'elle venait de répandre, elle sourit de consolation, et me remercia par des gestes, par des expressions si tendres, qu'elle m'aurait fait pleurer à mon tour, si elle eût continué.

M.ʳ George soufflait à quelques pas de nous, tandis que, une main dans sa poche, il froissait, et faisait pétiller sous ses doigts l'enveloppe sèche de son saucisson.

Nous quittâmes les tombeaux, et nous nous dirigeâmes, conduits par M.ʳ George, à une pauvre petite hôtellerie qui n'est pas loin du sanctuaire, et qu'il avait remarquée en montant. Le saucisson impie, qui avait osé paraître dans le temple, fut écorché, coupé en tranches, et dévoré : mon compagnon n'eut d'autre soin pendant notre petit repas, que celui de s'applaudir de l'heureuse idée qu'il avait eue de s'en prémunir. Il faut pourtant avouer à sa satisfaction, que, si nous en avions manqué, nous aurions été réduits à ne manger que du pain, et un peu de fromage.

Nous descendîmes de la colline à pieds, sans accidens, et nous ne fûmes de retour à notre auberge, que vers quatre heures. Mes compagnons dînèrent à la hâte, et se disposèrent à partir : ils avaient plus de dix milles à faire, et ils n'étaient pas dans l'intention de voyager bien tard dans la nuit. Au moment de leur dire adieu, je sentis que je ne pouvais pas me séparer sans regret de cette aimable enfant, qui m'avait procuré quelques instans si doux. Ses expressions d'adieu, et plus encore ses yeux et le son de sa voix, me prouvèrent assez clairement qu'elle n'était pas insensible non plus à cette séparation. « — C'est un ange ! me dis-je à moi même, quand elle fut partie. Puisse le ciel lui accorder, qu'un autre, en la voyant dans dix ans, dans vingt, puisse dire encore : C'est un ange !

Départ de Turin — Passage du Mont-Cénis — La Savoie.

Je quittai Turin le 15 à 6 heures du soir. J'occupais la place n.º 3 dans le coupé, à ma droite j'avais un évêque âgé d'environ 60 ans, natif de Naples, qui a passé 25 ans en Louisiane dans les États-Unis : il avait vu, peut-être pour la dernière fois, sa patrie, et s'en retournait à son diocèse. A ma gauche j'avais un religieux qui ne comptait pas plus de 42, 43 ans, né dans le Grand-Duché de Bade ; c'était le secretaire de Monseigneur. Quand je fus en chemin, je ne m'occupai plus que de considérer attentivement, et d'étudier, par quelques questions, le caractère des deux personnes qui étaient avec moi. Monseigneur était un homme d'une taille fort avantageuse, avait de l'embonpoint, mais sans excès, une tournure imposante, qui convenait fort bien à un personnage de son rang. Son air doux et riant laissait aussitôt deviner cette bonhomie qui, si elle n'est pas toujours la marque la plus sûre du génie, doit pourtant être le caractère distinctif des pasteurs de l'Eglise. Il me parla beaucoup de l'Amérique, et, comme il connaissait parfaitement la route que nous parcourions ensemble, il me fesait remarquer tout ce qu'il croyait mériter quelque attention, mais toujours avec une complaisance, une bonté et un sourire si grâcieux, qu'il me charmait: je n'oublierai jamais cet homme--là. Son secrétaire était le revers de la médaille. C'était un homme grand, maigre; sa figure était longue, et la couleur de son teint tirait sur le cuivre; avec deux grands yeux noirs enfoncés, il avait un nez fort saillant, dont le bout regardait la terre. Tout cela était encadré dans un bonnet de drap noir à grandes ailes lesquelles, descendant le long de ses joues, venaient se joindre sous son menton pointu: en le regardant de profil on ne voyait plus que son nez. C'était un sournois qui répondait à peine à mes questions, et quelquefois un : « — Oui, M.$^r$ — », prononcé fort mal à propos, était tout ce que j'en tirais par une demande qui aurait exigé une réponse de quelques minutes au moins, et cela peut-être à cause du grand bonnet qui, en lui bouchant les oreilles, l'empêchait de bien entendre mes paroles.

— Savez-vous, lui dis-je, après ma première conversation avec Monseigneur, le tems qu'il vous faudra employer pour aller en Amérique?

— Nous y serons au bout d'une demi-heure, répondit-il.

— Comment! au bout d'une demi-heure! repris-je en riant. Mais je compte bien aller à Lyon, moi.

— Quoi! Vous parlez de Lyon?

— Non, M.$^r$, je parle de l'Amérique.

— C'est plaisant! je croyais que vous parliez du relais — ».

Plus tard je lui dis : « — Et vous, M.ʳ, avez-vous déja fait une bien longue demeure en Amérique?

— Trois quarts d'heure pour dîner, tout au plus, répondit-il — ». Je m'aperçus qu'il parlait encore du relais, et dans l'intention de m'amuser un peu, je continuai : « — Vous avez donc repris le chemin de l'Europe, tout-de--suite après dîner? — » Il se tourna alors, et me fixa avec ses grands yeux: l'évêque riait à s'en tenir les côtes.

Quand nous fûmes arrivés à un certain endroit, Monseigneur, qui avait besoin de son secrétaire, l'appela, mais celui-ci ne l'entendit pas. Je dormais alors, et je ne pus lui transmettre l'appel de son maître. L'évêque cria plus fort, et M.ʳ le secrétaire, qui s'aperçut à ce ton de voix, que ce n'était pas la première fois qu'on l'appelait, se tourna avec précipitation, et frappa si rudement du nez dans la visière de ma casquette, que je m'éveillai en sursaut; la casquette alla tomber sur les genoux de Monseigneur. Le pauvre religieux porta en même tems sa main droite à son nez, et fit un Uhmm!! si prolongé, que, tout sommeillant que j'étais, je ne pus m'empêcher de rire.

Quand nous arrivâmes à Suse, il faisait nuit close, et notre montée au Mont-Cénis ne se fit que dans l'obscurité. J'aurais été bien charmé de faire ce chemin le jour! Cette partie du mont doit être bien bizarre, et doit offrir des tableaux bien forts à tous ceux qui ont un cœur capable de sentir les beautés, et les horreurs de la nature. On attela huit chevaux des plus robustes, et, malgré la route qui est très-belle, on ne marchait qu'au pas. Les vastes réverbères de la voiture, reflétant le jour au-devant des chevaux, ne laissaient pas d'éclairer aussi un peu les deux côtés. C'était tantôt un bruit horrible d'une eau tombante du rocher à pic qui flanquait la route, tantôt un précipice qui fesait frissonner, tantôt une grotte profonde et tantôt une prairie en pente, toute verdoyante et plantée d'arbres. Tout cela vu dans la nuit, à travers un jour artificiel et incertain, mêlé au bruit de la lourde voiture, aux cris des postillons et des voituriers, qui étaient au moins six, produisait la scène la plus effrayante, et la plus belle à la fois. On n'arriva au sommet que vers les cinq heures du matin : les voyageurs descendirent de la diligence, et entrèrent dans une espèce d'hôtellerie, où l'on nous accorda quelque tems pour notre déjeûner.

Le chemin ici trace, en montant toujours, un grand demi-cercle, et le voyageur, en prenant à pieds une route de traverse, pas plus longue d'un demi--mille, peut arriver avant la voiture à l'endroit où l'on commence à descendre. Quoique la montagne ne m'offrît ici rien d'agréable, rien de beau à voir, l'envie que j'avais de respirer le grand air, et de marcher un peu à pieds, après presque 12 heures de station dans la diligence, me décida à prendre ce second chemin. Je gravissais tous les petits monticules que je rencontrais çà et là sur mon chemin, mais je n'en tirais presque aucun parti, parce que le brouillard fort épais qui y régnait alors, mettait un frein à mon œil curieux. Quand j'arrivai à la descente, j'y trouvai deux de mes compagnons de voyage, qui y étaient arrivés avant moi par un chemin plus court. Je les saluai en arrivant, et l'un d'eux, se tournant vers moi, me dit : « — Je suis sûr, M.ʳ, que vous n'auriez pas pris le chemin que vous venez de parcourir, si la saison eût été plus avancée.

— Et pourquoi, s'il vous plait, lui demandai-je ?

— Parce qu'il est fort dangereux, continua-t-il, et l'année dernière encore, cette promenade coûta bien cher à trois voyageurs qui la prirent. Ils gravirent le monticule sur lequel vous vous êtes arrêté tantôt, mais dès qu'ils furent au sommet, la tourmente les surprit : ils se saisirent aussitôt, et se serrèrent l'un contre l'autre avec violence pour opposer au vent une force supérieure, mais avant que la voiture arrivât pour leur apporter du secours, l'un d'eux eut les pieds gelés, un second perdit l'usage des mains, et le troisième,

atteint dans une partie du corps plus noble, fut transporté à Suse, où il mourut peu de jours après — ». Lorsque de 3 ou quatre personnes rassemblées, il y en a une qui fait par hasard le récit d'une aventure, d'un accident, ou d'un malheur quelconque, il est déja convenu que chacune fera le sien, sauf toujours aux voyageurs de recommencer le tour plus d'une fois, et même de n'en plus finir, s'il le faut. Quand le premier de mes compagnons eut cessé de parler, le second commença :
« — Moi, en traversant, il y a deux ans, le petit Saint-Bernard, j'ai essuyé un malheur qui servit à me rendre plus prudent dans la suite. Je pris le devant de la voiture lorsque celle-ci commença lentement la montée. Il n'y avait pas encore beaucoup de neige, et j'espérais pouvoir arriver tranquillement jusqu'au sommet, sans aucun danger, cependant, quelque tems après, la neige commença à tomber, et en si grande abondance, que la voiture, embarrassée dans sa marche, voyant l'impossibilité de la continuer, jugea à propos de retourner

sur ses pas, pour remonter le lendemain par le moyen des traîneaux. Je ne m'en aperçus que quand elle avait entièrement disparu à mes yeux. Que décider ? Je réfléchis que le chemin, qui me restait à faire pour arriver à l'hospice, était plus court que celui que j'aurais dû parcourir en retournant au relais ; je continuai. La neige augmentait toujours, et j'en avais déjà jusqu'au cou ; je ne pouvais plus marcher, j'étouffais, je perissais...... En cet endroit de son récit, notre voiture arriva, et, comme le conteur était dans l'intérieur, et moi dans le coupé, je ne pus entendre la fin de son histoire. Consolons-nous cependant : il était encore là pour la conter.

Sur le sommet du Mont-Cénis on voit un beau petit lac de deux milles de circuit, qui donne une quantité prodigieuse d'assez belles truites. J'admirais ce lac paisible, et je ne pouvais pas revenir de mon étonnement, en me persuadant par mes propres yeux, qu'il pût exister un lac d'une telle circonférence à huit milles au-dessus du niveau de la mer. A quelque distance du lac on remarque une vaste maison dite l'hospice, où certain nombre de religieux, établis par Napoléon à l'imitation de la pieuse famille du grand Saint-Bernard, exercent leur charité envers les passans qui ont le malheur de se fourvoyer, ou d'être surpris par la neige. Il faut cependant avouer, que leurs secours sont devenus peu nécessaires, après que les Français eurent en 1804 creusé la belle route qui traverse maintenant la montagne, et après que la vigilance vraiment paternelle des rois de Piémont eut pris tant de précautions pour prévenir les malheurs, qui étaient autrefois si fréquens sur ce passage. On trouve le long de la route, d'un côté et de l'autre, une grande quantité de poteaux, qui servent de guide aux voyageurs, et préviennent tout danger, lorsque la neige est assez haute pour en masquer le chemin, et le confondre avec ses côtés. Mais cela ne suffit pas: le voyageur rencontre à chaque instant une maison basse, qui peut bien contenir une petite famille, et que l'on appelle *ricovero*. Ces *ricoveri* sont pourvus de tout ce dont les passans pourraient avoir besoin en cas de malheur. La générosité du roi y entretient continuellement deux hommes, dont le nombre s'augmente jusqu'à quatre pendant l'hiver ; ils sont obligés de secourir, loger et nourrir, s'il le faut, les voyageurs malheureux, quand même ceux-ci n'auraient pas d'argent pour payer les services qu'on leur aurait rendus.

En descendant du Mont-Cénis, nous entrâmes dans la Savoie ; nous la traversâmes, en parcourant une route qui compte au moins 70 milles de Piémont, toujours en montant et en descendant parmi ses montagnes. Ce pays n'offre que de belles horreurs : des cascades très-fréquentes d'une eau, qui descend avec fracas d'une montagne escarpée bien haute ; des précipices si profonds, que l'œil, qui s'y plonge, peut à peine saisir l'eau qui se glisse, en serpentant, à travers des rochers énormes, apparemment tombés d'en haut. C'est d'abord une solitude, une stérilité absolue, pas même un arbre qui puisse fournir du bois de chauffage pendant l'hiver, qui doit y être très-rigoureux. Ce ne fut qu'après bien des lieues que nous commençâmes à apercevoir des arbres; puis, par intervalles, nous voyions quelque langue de terre cultivée, choisie sans doute là, où le soleil peut à certaines heures, et en certaines saisons, faire parvenir quelqu'un de ses rayons. Plus loin, au fur et à mesure que nous avancions, le sol devenait toujours moins stérile : on voyait de la seigle, du sarrasin et quelques arbres fruitiers, mais point de vignes. La nature a donné en récompense à ces pauvres Savoyards une eau excellente, laquelle, je ne sais par quel caprice, devient bourbeuse et mauvaise, quand on commence à apercevoir quelques vignes, des vignes qui ne montent pas plus haut que des tiges de haricots. Vers Chambéry la campagne devient belle, et, je dirais presque, fertile. Les environs de Chambéry, et tout le pays au-delà, jusqu'au pont Beauvoisin, qui sépare les Savoyards des Français, ne laissent rien à souhaiter à leurs habitans.

S'il m'eût été possible, j'aurais voulu m'arrêter quelques jours en Savoie pour connaître de plus près les mœurs, et le caractère de ces bons Savoyards. C'aurait été pour moi une grande satisfaction de pouvoir en parler; cependant, dans l'impossibilité où je suis de le faire, je me contenterai de rapporter quelques petites remarques que j'ai faites dans une hôtellerie, à trente milles peut-être de leur capitale, où nous nous arrêtâmes pour dîner. Nous eûmes pour nous servir à table deux jeunes-filles assez belles, très-douces, et d'une amabilité de manières très-grande. Dès qu'elles virent Monseigneur, elles furent surprises : la joie et le plaisir que ressentirent leurs cœurs, parurent aussitôt dans leurs yeux, et sur leurs jolies bouches : elles se regardaient l'une l'autre d'un air expressif, qui marquait combien elles étaient flattées de l'honneur de recevoir chez elles un si haut personnage. Elles se rangèrent vis-à-vis l'une de l'autre, à quelque distance, pour donner passage à l'évêque quand il entra dans la salle : leurs yeux étaient modestement baissés, mais quand Monseigneur leur demanda de l'eau pour se laver les mains, il fallait voir; quelle vivacité de mouvement! quel bonheur pour ces jeunes filles de pouvoir lui rendre un service dont elles n'auraient pas demandé de récompense! Les égards qu'elles eurent pour ce personnage et pour son secrétaire ne leur firent jamais oublier les autres voyageurs: nous les trouvâmes toujours si attentives, si officieuses, si aimables, que, s'il est permis de juger de la nation d'après ces jeunes-personnes, je dirai que l'on ne nous trompe pas, quand on nous dit que les Savoyards sont bons, religieux, hospitaliers.

Nous arrivâmes enfin à notre destination, après avoir traversé le Dauphiné, qui de la Savoie s'étend jusqu'au territoire Lyonnais. C'est un pays délicieux que le Dauphiné: une campagne verdoyante qui n'offre que des points de vue superbes. Un paysagiste en y passant, pas si rapidement que moi, n'aurait pas manqué de faire des croquis.

## Lyon.

Je sais, mon ami, que la tâche que je me suis imposée ne me permet pas de quitter Lyon, sans dire au moins que je l'ai vue. J'ai été si prévenu contre cette ancienne et célèbre ville, on m'a dit tant de fois à Milan et en route, que Lyon n'offre rien de particulier à voir, que je ne m'y suis arrêté que dans l'intention de me reposer un peu, pour continuer ensuite mon voyage. Ainsi j'ai négligé de voir même le peu de curiosités qu'elle renferme, et j'ai eu tort peut-être. Maintenant c'est fini ; quoiqu'il n'y ait pas encore 48 heures que j'y suis, ma place pour Paris est déja retenue, et je pars. J'avouerai cependant que Lyon m'a paru plus belle que je ne l'avais imaginé, et quelqu'un qui la verrait pour la première fois au-dela du Rhône, sur tout le soir, lorsque le gaz éclaire ses quais, et que les Côtes qui s'élèvent le long du fleuve présentent les lumières domestiques de leurs hautes maisons, il se dirait en face d'une ville immense, magnifique, imposante. Lyon, partagée par ses deux fleuves, a des positions superbes: son cours sur la rive intérieure du Rhône est trè-beau, et ses Côtes, dont le nombre s'élève jusqu'à 17, la rendent variée, et quelquefois pittoresque. Mais il faut que tu te fasses une idée de ces Côtes. Tu n'as pour cela qu'à imaginer des quartiers bâtis sur des collines qui flanquent les fleuves, et auxquels les piétons peuvent monter, d'abord par des escaliers, qui ont jusqu'à 140, 150 marches, et parfois même davantage, puis par des ruelles très-souvent obscures, étroites, bourbeuses et assommantes par leur raideur. J'ai vu la Côte

Saint-Sébastien sur le Rhône, où il y a un petit fort ; elle offre peu d'agrément à la vue du visiteur. J'y ai remarqué des bâtisses considérables, des maisons très-hautes et solides, fraîchement bâties, qui comptent autant d'ouvriers que de locataires. Je m'attendais au moins à voir de grands ateliers, des fabriques curieuses pour la vastité de leur local, et pour le nombre de leurs métiers, mais je me suis trompé, car les métiers dans la ville sont tous dispersés çà et là dans les différentes familles, qui en ont chacune 2, 4, 8, suivant le nombre de leurs individus, qui travaillent tous pour le compte des fabricans. Un M.r Valin, auquel je fus présenté, et qui me reçut avec une extrême politesse, consentit à me montrer ses travaux, après s'être bien assuré que je n'étais pas fabricant, et que j'étais incapable de lui emporter ses desseins. Les ouvriers en sont tous très--jaloux, car pour la moindre imprudence de ce genre ils seraient privés pour toujours de travail, après avoir été condamnés à des amendes très-fortes, ou à la prison. Il m'amena ensuite chez un de ses voisins, lequel, s'il ne surpassait pas en bonté M.$^r$ Valin, il ne lui cédait assurément pas. Il me montra des étoffes superbes, des tissus de soie parsemés de fleurs, de bouquets, ou d'autres desseins en or, que l'on aurait dits brodés à l'aiguille. Il m'en expliqua le mécanisme, et, pour que je le comprisse mieux, il faisait travailler tout doucement ses métiers, et s'arrêtait à chacun des endroits, où il arrivait quelqu'une de ces combinaisons, qui produisaient sur moi tant de charme: je fus ravi de la complaisance de cet excellent homme.

Je montai en outre sur la colline dite de Notre Dame de Fourvières, qui s'élève sur les bords de la Saône, et qui domine toute la ville et ses environs. De là, on voit le cours des deux fleuves et le Dauphiné, qui se déroule au-delà de la ville, vis-à-vis de l'observateur; il offre des tableaux assez délicieux. On rencontre sur cette montée le dépôt de Mendicité, et l'hospice de l'Antiquaille; au sommet on trouve un café parfaitement beau pour sa position, une hôtellerie et le temple dedié à la Vierge. Je ne parlerai pas du temple, parce qu'il n'en vaut pas la peine, mais je parlerai de la dévotion édifiante que les Lyonnais ont pour cette Madone. C'était, je dirais presque, une foule de gens de tout âge, de toute qualité qui montaient et descendaient; c'était par tout des malades, ou de la vieillesse qui se faisaient entraîner par un domestique, ou par quelque personne amie qui voulait bien leur rendre ce service. C'était un dimanche, il faisait beau tems, et l'église était toute pleine de monde. Les messes, que l'on y disait en grande quantité, étaient entendues par la foule avec ce recueillement, qui prouvait très-bien les sentimens pieux qui l'animait; mais, ce qui me surprit, ce fut l'empressement avec lequel nombre de femmes se présentaient en certain endroit pour faire allumer de petits cierges, que l'on trouve par tout à vendre sur la montée. Près de l'autel de la Vierge on remarque une

*Asti.* 9

quantité prodigieuse de petits bras, cuisses, têtes, et mêmes des figures entières, en cire, liés en petites bottes de huit à dix pièces chacune, que les fidèles viennent offrir à la Vierge comme une marque de leur reconnaissance pour des bienfaits reçus. Toutes les parois de l'église sont couvertes de petits tableaux peints, ou portant des vers qui prouvent la fausseté des propos que l'on se permet parfois en Italie sur la religion des Français.

Lyon a beaucoup de places, mais celle que j'aurais tort d'oublier dans mes petites remarques, c'est la place qui autrefois s'appelait Belcourt, ensuite Bonaparte, maintenant la place de Louis XIV : le peuple cependant l'appelle encore Belcourt. Elle est très-vaste et carrée ; deux beaux palais que l'on y voit vis-à-vis l'un de l'autre, ne contribuent pas peu à sa beauté, et la belle statue équestre en bronze de Louis le Grand, qui s'élève au milieu, sur un très--haut piédestal, achève de la rendre magnifique. Du reste, cette ville, bâtie sur un sol bas, est triste, et ne plait pas. Ses rues, à quelqu'une près, sont toutes étroites, toutes sombres, mal pavées, et un tant soit peu toujours bourbeuses ; ses maisons très-hautes, où l'on compte parfois jusqu'à sept étages, paraissent si lourdes, que l'on dirait que le sol va s'enfoncer sous leur poids. Je pourrais me tromper, en voulant expliquer la cause de cet effet que produisirent sur moi les maisons de Lyon, mais il me semble, que le peu de soin que l'on prend de les badigeonner, des fenêtres basses et vastes dans leur embrasure, ayant des dalles fort saillantes, et les corniches très-massives qui servent ordinairement d'appui à l'entre-sol, doivent contribuer sans doute beaucoup à leur ôter cette légèreté, cet élancé, je dirai ainsi, qui rendent bien souvent des maisons très élégantes, quoique du reste très-simples. Ajoutons à tout cela d'immenses enseignes portant presque toujours des lettres d'un pied de haut. Il y a de ces enseignes sur toutes les boutiques, sur tous les magasins, et ce n'est que boutiques et magasins, car les portes des maisons on les aperçoit à peine : il y en a au premier, au second, et j'en ai vu jusqu'au quatrième étage. Malgré tout cela, Lyon est une ville qui mérite toute notre estime : l'activité et l'industrie des Lyonnais ne se trouve pas si facilement ailleurs.

Le Bateau à Vapeur — Arrivée à Paris.

Encore un départ?..... C'est le troisième, je le sais; mais il y a là quelque chose de plus qu'une diligence; les scènes ici sont bien variées, et de nature, que tu ne me sauras pas mauvais gré de les avoir rapportées.

Je partis pour Paris le 21 à la pointe du jour, sur le bateau à vapeur la Colombe qui, en remontant la Saône, devait, au bout de 12 heures, me mettre à Châlons. On trouve ce voyage de 37 lieues environ, agréable, fort commode, et toujours préférable à celui de terre, qui exige presque le double de tems. Pour moi je n'ai pas eu sujet de m'en plaindre: seul, sans connaissances, ne sachant comment tuer mon tems, je me proposai de considérer les différens tableaux que m'aurait présentés gratis la multitude des voyageurs qui se trouvait avec moi: grâce à mon idée, je ne m'aperçus pas de la longueur de la journée. Quand nous partîmes, je me trouvais assis dans une extrémité de la salle, et trouvant ma position fort avantageuse pour mon dessein, je commençai mes observations par mon voisin. C'était un vieillard assez robuste qui, insouciant de ce qui pouvait se passer autour de lui, s'endormit bientôt, sans qu'on lui eût souhaité la bonne nuit. Le bon homme ronflait, et sifflait tout à la fois si délicieusement, qu'il y aurait eu de la barbarie de l'éveiller, si dans une de ces ondulations, qui sont naturelles à quelqu'un qui dort de la sorte sur un banc, il ne fût pas venu tomber sur moi. Il fut raisonnable, s'apercevant qu'il n'était pas décent de m'écraser contre la paroi, il se retira un peu, et continua son jeu: laissons-le en branle. Vis-à-vis j'avais quatre jeunes--gens qui jouaient aux cartes, et qui parlaient certain jargon inintelligible pour les autres, mais qu'ils comprenaient très-bien eux, si l'on pouvait en juger d'après leurs reparties, leurs jurons, et les grands éclats de rire dont ils partaient de tems en tems. Plus loin il y avait une petite famille très-honnête composée du père, de la mère, et de deux enfans. Chaque individu, immoble à sa place, gardait le silence, mais les deux chefs, dans leur tranquillité, m'avaient l'air d'attendre l'heure du débarquement. Les pauvres gens ! Laissons les attendre. A côté de la famille, il y avait un jeune Anglais, fort proprement vêtu, grand, fluet, une contenance de demoiselle à sa première sortie du collège, une insouciance toute propre à sa nation, et un babil vraiment anglais. Il tenait à la main un guide, une longue-vue à côté, et une carte géographique déployée sur la table : lire, s'ennuyer et regarder la voûte, c'est tout ce que je le vis faire pendant tout le tems que je demeurai dans la salle. Peut-être pensait-il ; mais il serait plus facile de répéter mot pour mot ses discours, que de dire ce qu'il pensait, à moins qu'il n'eût médité sur ce beau principe moral que j'avais appris de la bouche même d'un de ses compatriotes quelque tems plus tôt. « — Il ne faut pas regarder de trop près les moyens, quand il s'agit de l'avantage de la nation — ». En face de la famille et de l'Anglais, on voyait bon nombre de dormeurs et de dormeuses, pareillement en branle. Rien n'était plus agréable que d'entendre le concert que faisaient ces heureuses créatures, et de voir leurs mouvemens discords : l'un se pliait à droite et l'autre à gauche, et quand l'un se baissait, l'autre se levait, mais s'il arrivait par hasard que deux voisins prissent ensemble la même direction, ils se heurtaient alors furieusement ; ils ouvraient les yeux, et paraissaient tout étonnés de se trouver nez à nez l'un de l'autre. Ils comprenaient aussitôt ce que c'était, souriaient un instant, et continuaient ensuite leur affaire. Il y avait un autre petit tableau nomade que composaient deux de ces individus, qui, sans être bien rares, ne sauraient passer inaperçus. C'était un M.ʳ Pierre à cheveux gris, portant une bosse sur son dos, un menton enfoncé dans sa cravate, et un col dont les pointes montaient jusqu'au nez, mais il était toujours riant, toujours gai. Il avait avec lui un petit homme à jambes cagneuses, à longue rédingote, à cheveux longs et plats, qui emboîtaient une figure coupée au milieu par une bouche excessivement fendue: c'était l'ombre de M.ʳ Pierre, il le suivait par tout, le caressait, le flattait, il faisait l'aimable. On voyait ces deux personnages aller et revenir sans cesse: dès qu'il y avait deux places vacantes, ils allaient les occuper, puis ils montaient sur le pont pour en redescendre bientôt après. Je pourrais bien t'en esquisser quelqu'autre, comme p. e. un bon vieillard qui, un genou sur l'autre, courbé sur lui, tout en prenant de grandes prises de tabac, paraissait méditer sur la vie future; deux grands messieurs lisant sur le même journal, dont l'un promenait de sa main gauche un grand lorgnon, en se penchant sur le papier, tandis que l'autre, les lunettes à califourchon sur son nez, avait grand soin d'éloigner la feuille de ses deux mains; mais je te ferai grâce de tout cela, pour venir à un autre petit tableau que je ne veux pas oublier. C'était une dame qui se tenait au bout de la salle, une dame qui, à mon avis, avait la cinquantaine, et qui, à sa toilette, ne paraissait pas encore avoir renoncé à toute prétention. Un chien assis sur une table devant elle, et tout près d'elle, lui tenait la compagnie que lui refusait un mari fumeur qui passait son tems sur le pont; mais, heureusement pour elle, j'ai cru remarquer que l'un ne lui était pas moins cher que l'autre, si pourtant...... Mais allons! ne soyons pas méchans. La dame souriait à son cher animal, c'est à dire au chien, le regardait avec amour, et lui adressait quelqu'un de ces mots mignards, comme on en adresse à un poupon chéri; puis elle passait doucement sa main sur son dos, et si parfois elle la descendait jusqu'à l'extrémité de la queue, comme pour en lisser le poil, ce n'était que pour recommencer après. Plus d'une demi-heure s'était écoulée dans un si agréable passetems, lorsque la bonne dame, comme si elle eût été transportée par un excès de tendresse, jeta tout d'un coup les bras autour de son chien, l'entraîna sur son giron, et en le serrant affectueusement sur son sein, elle s'écria : « — Ma pauvre Minette ! — » Halte là ! me dis-je alors, ce n'est pas un chien, c'est une chienne ! Apprenez enfin M.ʳ , à démêler le masculin du féminin, et sachez que les dames dans leurs amours canines donnent toujours la préférence à la femelle. Sur ces entrefaites, un des dormeurs s'avisa de renverser une petite table qui était devant lui, ce qui fit tant de bruit, que la pauvre Minette en fut effrayée : elle se mit à japper, et cela causa malheureusement une petite suspension dans le beau mouvement des dormeurs. Les joueurs éclatèrent de rire, M.ʳ Pierre et son ombre changèrent de place, et ce ne fut que la figure de l'Anglais qui ne subît la moindre altération. Quand tout fut rentré dans l'ordre, la dame continua son monologue, ou pour mieux dire son dialogue, car ce chien, c'est à dire cette chienne, avait du talent, et si elle ne questionnait pas, elle savait au moins répondre, peu importe de quelle manière. « — Pauvre petite ! Vous avez eu peur. Ohh !!!.... On la traitait de petite, quoiqu'elle ne justifiât pas trop cette épithète, et si je dois le dire avec sa permission, je la trouvais aussi bien laide, malgré les beaux noms de jolie et de charmante que lui prodiguait sa maîtresse. Mais, c'est égal, me disais-je, elle a plu à cette bonne femme, la pauvre Minette, et c'est tout ce qu'elle pouvait souhaiter ; car ce genre d'animaux n'est pas coquet. Je serais cependant injuste si je voulais lui nier toute sorte de mérite ; quand sa maîtresse l'embrassait au museau, ou pour parler avec plus de respect, à la figure, elle tirait aussitôt sa langue, et lui rendait son baiser. Oh ! Qu'il était délicieux alors de voir ces deux...... ces deux figures rapprochées, confondues ensemble ! On entendait un baiser, et l'on voyait aussitôt la langue de l'une passer avec la rapidité de l'éclair tout autour de la bouche et du nez de l'autre, mais avec une grâce, avec une adresse vraiment toute particulière à cette chienne, à la Minette. Quelque divertissant que fût pour moi ce tableau, je ne pus m'empêcher de faire quelque réflexion, et puisqu'il faut l'avouer, je dirai qu'il n'y a rien de plus consolant, rien de plus flatteur pour messieurs les hommes, que de voir des dames, quelquefois encore jeunes et jolies, concentrer toute leur affection sur un chat, ou sur un chien, et l'aimer avec toute cette effusion de caresses et d'expressions que des Etres de leur espèce n'obtiennent que bien rarement, car le cœur de la femme, même quand il est véritablement passionné, soit par crainte, soit par coquetterie, soit par fierté, ne si livre presque jamais qu'avec beaucoup de réserve. Comment s'expliquer cet abandon précieux, cette passion canine qui réduit parfois des hommes à envier des bêtes ? Serait-

-ce parce que les femmes sont alors sûres de ne pas se compromettre? Est-ce qu'elles trouvent dans ces animaux plus de fidélité que dans les hommes, comme me le disait, il n'y a pas long tems, à Milan une dame des plus capricieuses, qui me faisait l'éloge d'une jolie petite chienne toute blanche dont elle raffolait? Je ne le sais pas : tout ce que je pourrais dire là--dessus, c'est que de telles faiblesses on ne saurait les pardonner tout au plus qu'aux vieilles-femmes, et à condition encore que l'objet de leur affection ne soit pas un chat, mais un chien, car ce ne sont que les chiens qui ont le droit de ronger les os. Mais laissons ces pitoyables réflexions, et revenons à notre chère Minette. Cet adorable animal descendait parfois du giron de sa maîtresse, et se promenait dans la salle : il allait flairer tantôt l'un, tantôt l'autre, mais c'était toujours devant moi qu'il s'arrêtait; il avait une sympathie particulière pour moi. Pourquoi cette préférence? Pourquoi cette sympathie? Voilà ce que l'on ne sait pas toujours expliquer, voilà ce qui reste bien souvent un mystère même dans nos affections. On se sent parfois du penchant pour un objet, on l'affectionne sans pouvoir se dire pourquoi: une des raisons par lesquelles on dit que l'amour est aveugle. Or, les chiens qui vivent toujours dans la société, et qui sont allés jusqu'à nous disputer avec succès le cœur des femmes, ils auront été sans doute assujettis aux mêmes lois, au même aveuglement; voilà, peut-être, la cause par laquelle la Minette plaça sa sympathie dans quelqu'un qui ne pouvait pas la partager. Le cruel amour, dit Fénelon, fait que l'on n'aime guère celui dont on est aimé, et ici peut-être la chienne, par une conséquence naturelle du principe de Fénelon, devait aimer celui dont elle ne pouvait pas être aimée; car, si je dois le dire sans plaisanter, je me sentais une telle aversion pour cette maudite bête, que, si sa maîtresse n'eût pas été là, je pense que je l'aurais envoyée boire l'eau de la Saône. Cependant, si j'y réfléchis attentivement, je trouve qu'il y a une raison réelle pour expliquer la sympathie de la Minette pour moi, et c'est, qu'elle me regardait toujours, attendu que j'avais sans cesse les yeux sur elle et sur sa maîtresse. Quoique je n'aie pas oublié du tout ce que j'ai dit tantôt, que l'amour est aveugle, je me souviens pourtant très-bien d'avoir entendu dire par un Platon de notre siècle, à propos des occasions dangereuses à fuir, que l'amour entre par les yeux. — Comment diable ! diras-tu, peut une chienne s'apercevoir que...... Halte là, mon ami, nous vivons en 1841, et il me semble que, dans un siècle où la science marche toujours au galop, les chiens qui, comme nous l'avons déjà vu, vivent en bonne société, n'auront pas manqué de faire des progrès aussi. A force de voir leurs maîtresses regarder, et s'attacher à ceux qui les regardent, ils auront appris que c'est à ceux-ci qu'il faut donner la préférence, car enfin préférer ceux qui nous distinguent par leurs regards, ce n'est que l'*A B C* de la science. Mais quoi qu'il en soit, la Minette avait de la sympathie pour moi, et sans trop s'embarrasser de savoir si je la partageais, elle était déjà devenue assez hardie, pour mettre indécemment ses pattes sur mon pantalon café-au-lait, ce qui n'était pas tout-à-fait de mon goût. La dame, voyant la belle inclination de sa chienne pour moi, me souriait avec bonté; je me souvins alors de don Ventura du Porta, et de la préférence que la comtesse D.ª Paola Travasa lui donna sur les autres prêtres à cause de la *Lilla*. Malgré cela, voyant que les empressemens de l'animal pour moi croissaient à chaque instant, je songeai au moyen de le guérir d'une amitié si mal fondée. Je feignis de dormir, et, quand la Minette vint pour la quatrième, ou la cinquième fois me voir, au moment qu'elle se levait sur ses jambes de derrière pour placer celles du devant sur mes genoux, je fis un mouvement, et je lui écrasai une patte, de sorte qu'elle se mit furieusement à crier, comme un enfant gâté, à qui l'on aurait donné un grand soufflet. Il fallait être là pour voir quel changement de scène! La dame se leva aussitôt pour courir au secours de sa chère Minette, elle renversait tout ce qui se trouvait sur son chemin, et faisait tant de bruit, que ceux qui dormaient, à mon voisin près, s'éveillèrent tous en sursaut, les joueurs riaient à gorge déployée, la chienne continuait à japper, l'Anglais lui même tourna les yeux, et M.$^r$ Pierre resta collé à sa place avec son ombre : c'est tout dire. Le tintamarre qui partait de la salle éveilla l'attention de ceux qui étaient sur le pont, lesquels, poussés par la curiosité d'en connaître la cause, descendirent pêle-mêle le petit escalier, et se jetèrent dans l'intérieur du bateau comme des soldats qui vont à l'attaque. A leur tête était un gaillard, un matamore, un grand diable à moustache rousse, qui aurait fait peur à un ancien paladin. C'était le mari de la dame qui descendit le premier, attiré par les cris de sa moitié, ou, dirons mieux, par les cris de ses trois quarts, car la Minette était la chère moitié de sa femme. Je l'avouerai, j'eus presque peur. «— Qu'est-

-ce que c'est donc, s'écria-t-il, dès qu'il se vit dans la salle? — » Ah! répondit la femme, en se tournant de mon côté, c'est ce beau Monsieur là qui s'est avisé de maltraiter la Minette, — et elle continua de caresser, de plaindre, de dorloter son cher animal, la chienne. L'homme à la moustache rousse se tourna aussitôt, et vit tout près de la porte, moi, tranquille comme un ange, en apparence, bien entendu, et mon voisin le ronfleur, qui, venant enfin de s'éveiller au grand bruit que l'on fit en entrant, avait l'air effrayé. C'était naturel, ne sachant pas bien qui de nous deux était le coupable, il s'adressa à mon voisin. Pour moi, voyant que l'affaire s'embrouillait toujours de plus en plus, profitant de ma position, j'enfilai le petit escalier, et je montai sur le pont, en me disant: — Ma présence n'est plus nécessaire là-bas; j'ai déjà joué mon rôle, c'est à eux maintenant à jouer le leur. — J'étais sur le pont, et je respirais plus à l'aise, mais entendant toujours la voix du matamore, qui me retentissait dans le cœur, je ne me crus pas sûr, et j'allai me cacher aux secondes places, dans l'autre salle à poupe.

Je ne trouvai pas beaucoup de monde dans cette salle: il faisait beau, et la plupart des passagers étaient sortis pour respirer l'air du dehors. Voyons néanmoins s'il est possible d'échapper à l'ennui, qui doit être accablant sur un bateau pour celui qui, se trouvant seul, ne sait pas imaginer quelque expédient pour tuer le tems: examinons le peu de monde qui reste dans cette salle, c'est la seule ressource qui me reste. — Je vois deux hommes, dont les habits grossiers disent assez clair, que ce sont deux habitans de la campagne: ils sont couchés de leur long sur les banquettes, leurs bras nerveux et bien nourris se croisent sur leur poitrine, dont ils suivent le léger mouvement produit par la respiration; les chapeaux qui leur cachent la figure, me dérobent l'expression que leur donne le sommeil profond, dans lequel ils paraissent ensevelis. Peu loin de là, une petite table toute nue, où l'on aperçoit du pain, et deux grandes feuilles de papier déroulées, contenant du saucisson et du rôti, est entourée de trois hommes et d'une femme, qui, faute de verre, boivent dans une grande bouteille remplie de vin, qu'ils se passent l'un l'autre à la ronde. Deux morveux d'enfans de 9 à 10 ans, qui ne paraissent prendre aucun intérêt à la conversation animée des convives, rodent autour de la table, en attendant qu'on leur jette quelque morceau de viande, ou quelque os à ronger. Du côté opposé, on voit 5 à 6 personnes rassemblées autour d'un espèce de militaire, qui paraît leur raconter des choses bien intéressantes. On démêle enfin au bout de la salle, une jeune-fille de 15 à 16 ans, tout au plus, qui fait des pas de danse devant une femme plus âgée, qui la voit faire avec une attention et un plaisir extrême. — Je m'approchai d'abord du petit club: le conteur était un soldat qui avait servi quelque tems en Afrique, et qui faisait le récit de ses exploits. «—Nous avancions dans la campagne, disait-il, en continuant un récit qu'il avait déjà com-

mencé, nous avancions toujours sans peur, car des soldats français qui vont faire la guerre en Afrique ne craignent pas; nous étions déjà bien loin de notre camp, lorsque dix damnés de Béduins : ils étaient bien dix, je les ai comptés : sortirent, je ne sais pas d'où, de l'enfer, je crois, et vinrent se jeter sur nous avec leurs diables de chevaux, qui vont comme des boulets de canon. Qu'auriez-vous fait alors ?..... deux contre dix......
« — Pas peur, dis-je à Mathieu mon compagnon; nous sommes Français, et eux, Arabes — ». Nous déchargeâmes nos armes à feu, et nous tuâmes chacun un ennemi, mais nous fûmes bientôt entourés, et, tandis que ce bon enfant de Mathieu se défendait contre trois à la fois, un autre par derrière lui coupa la tête, l'attacha à la selle, et disparut au galop. Je vis son sang jaillir sur mon pantalon, et je devins furieux; j'allais faire des prodiges, lorsque tout-à-coup je me sentis pris dans une espèce de filet, qui m'entraînait derrière le cheval du chef de la bande. « — Morbleu! me dis-je, me voici pris comme

une souris dans la ratière! — „ Il n'y avait pas moyen de s'en défendre ; il fallait courir, ou se faire entraîner par terre comme un chien, ce qui n'aurait pas pu durer long tems. Nous allions nous enfoncer dans les montagnes, quand le peloton à cheval qui nous avait devancés parut. On se précipita sur les Arabes, qui, n'ayant pas eu le tems de prendre la fuite, furent presque tous massacrés ou blessés, et moi, je repris ma liberté. Le croiriez-vous? Depuis lors, je ne demandais pas mieux, que de faire partie de toutes les expéditions hasardeuses que l'on faisait dans la campagne. J'aurais voulu rencontrer ces chiens de Béduins pour venger mon pauvre compagnon, et je crois qu'ils n'eurent plus grand sujet de se louer de sa mort, après l'attaque que nous fîmes quelques jours plus tard. Mais, si je voulais vous raconter tout ce qui m'est arrivé à moi et à mes compagnons, continua le militaire, je n'en finirais plus. Figurez-vous, que j'ai vu Abd-el-Kader aussi près, que d'ici là......

Il allait peut-être nous raconter quelque chose de ce chef, mais moi, qui ai déjà appris sur son compte autant que j'en désirais savoir, je quittai le conteur, et je m'approchai de la danseuse. Ma présence, et l'attention que je fesais à ses exercices, ne la déconcertèrent pas. Elle continua ses entrechats avec une assurance, un aplomb, qui m'auraient étonné, si je ne me fusse pas aussitôt aperçu que c'était une danseuse de profession. Une danseuse aurait tort de se laisser intimider par la présence d'un étranger : exiger de la timidité, de la honte dans ces charmantes filles de la scène, ce serait demander de la compassion à un soldat qui tire son coup de fusil dans une bataille. Eh! ce n'est pas qu'elles soient difficiles à rougir ; du tout, au contraire, la rougeur leur est devenue familière, mais c'est une ancienne convention théâtrale, qu'elles ne rougiraient que devant le fard, et quand il le faut. Elle continuait donc à danser. «— Mais pourquoi dansait-elle?—» Bon! pourquoi les pianistes de profession font-ils fabriquer tout exprès un petit clavier, dont ils oseraient moins

se séparer, qu'un soldat de son sabre ?
Dès qu'un pianiste est en renom, son
petit clavier ne le quitte plus ; il suit son
maître dans ses voyages, couche avec lui
dans son lit, pose sur sa table quand
il dîne, sur ses genoux quand il reçoit
des visites, et je crois que sa main
n'oserait toucher à aucune chose, sans
y faire dessus, au moins un *do-re-mi-
fa-sol,* de peur que ses doigts ne s'engourdissent. Ce que les pianistes craignent pour leurs doigts, peut très-bien
arriver aux jambes d'une danseuse, et
cette jeune-fille, qui sans doute savait
tout ce qu'il y avait à appréhender
pour ses jambes, ne cessait pas de les
exercer, en attendant son arrivée à
Châlons. Avec des cheveux noirs comme du jais, artistement nattés, et coquettement disposés autour de sa petite
tête, cette enfant avait des yeux perçans, une figure qui, sans être belle,
ne laissait pas d'être gentille, un air de
fantaisie, et une taille mince et tellement souple, que, si on l'avait saisie au
milieu, je pense qu'elle se serait glissée d'entre nos bras, comme une an-

guille se glisserait d'entre nos mains. Je la considérai quelque tems, puis, allant m'asseoir à côté de la compagne, que je reconnus être sa mère, je m'écriai. « — C'est bien ! Fort bien ! Vous dansez comme un ange.

Elle est artiste, dit la mère avec une sorte de triomphe.

« — Et artiste comme on en voit très-peu, repartis-je: vous n'aviez pas besoin de me le dire. Va-t-elle danser quelque part?

— Non, M.ʳ , elle va se perfectionner à l'école de Paris.

— Ce n'est pas que j'en aie besoin, dit alors modestement l'artiste, qui vint prendre place à ma gauche, et si près de moi, que je me trouvai comme pris entre la mère et la fille, ce n'est pas que j'en aie besoin, c'est que si l'on n'est pas élève de Paris, ou au moins perfectionnée dans son école...... Vous me comprenez. En France, on ne croit que d'après les apparences, on aime un peu de poudre aux yeux, si je dois le dire.

— Ce n'est pas seulement en France que l'on aime cela, lui dis-je alors; en

Italie, pour vous parler d'un pays que je connais, on a le même faible, et pour toutes les professions, de sorte qu'un médecin, p. e., ne sera jamais qu'un ignorant tant qu'il ne sera point pervenu à faire de sa bibliothèque une belle voiture, et à mettre toute sa science dans la tête de deux beaux chevaux, qui l'entraînent par tout devant les portes de ses malades : un avocat, un ingénieur sera toujours une bête tant qu'il n'aura pas un logis richement meublé, une étude avec des tapis, et cinq ou six places pour des clercs, qui n'y iront pas : un maître d'une langue étrangère enfin, pour n'oublier aucune de ces professions qui prouvent mieux ce que j'avance, un maître d'une langue étrangère, s'il n'est pas né dans le pays où l'on parle la langue qu'il professe, il ne fera jamais fortune, si pourtant il y a une fortune pour lui. « — C'est un homme qui a du talent, dira-t-on, un homme qui a fait de longues études, qui parle et connaît très-bien.... — Taisez-vous ; il n'est pas étranger comme la langue qu'il enseigne, ainsi, c'est égal — ». Il arrive un étranger, il a quitté son pays parce que ses compatriotes ne voulaient pas de lui, parce qu'il y mourait de faim, n'importe: il arrive de Paris, de Londres, où il dit d'avoir pris naissance, et c'est assez. On s'empresse autour de lui, on ne veut plus que de lui.

— Mais il ne connaît pas la langue du pays.

— Qu'est-ce que ça fait?

— Il n'a pas de méthode, il ne connaît que superficiellement.....: Chut! Il arrive de là-haut.

— Ma fille étudie le français, dit certaine comtesse.

— Qui est son maître? lui demande-t-on aussitôt.

— C'est M.r...., M.r.... C'est un Français.

— C'est assez, n'en dites pas davantage: on vous répond tout-de-suite par un: Ah!..... Ah!.....

— Vous paraissez connaître beaucoup l'Italie, M.r, dit la danseuse; n'arriveriez-vous pas par hasard de ce beau pays?

— Oui, mademoiselle, répondis-je, et je suis même italien, de Milan.

— Ah! de Milan, où il y a ce beau théâtre, *La Scala*, c'est ainsi qu'on l'appelle, je crois.

— Précisément.

— J'en ai entendu parler parce que une de mes amies y est allée danser, il n'y a pas long tems. Dites, monsieur, les danseuses sont-elles bien reçues sur la scène à Milan? Y font-elles de bonnes affaires?

— Pour des affaires, elles en font de très-bonnes, je ne dirai pas toujours sur la scène, mais...... enfin je crois qu'elles n'ont pas lieu de se plaindre de leur métier.

— Comment! Vous osez appeler notre profession un métier?..... A présent surtout que l'art paraît toucher à sa dernière perfection, et que des artistes sublimes font tant de bruit dans le monde entier! Apprenez, monsieur, que pour être danseuse il faut de longues études, et que pour réussir il faut de la tête, (des jambes, elle devait dire) il faut du talent, il faut...... il faut des lumières.

— Et surtout sur la scène, l'interrompis-je.

— Mon maître a raison, continua-t-elle, de dire que le public n'est qu'un ignorant, qui ne sait pas encore apprécier cet art autant qu'il le mérite.

— N'allez pas vous fâcher, ma fille, repris-je alors; ce que j'ai dit, je ne l'ai dit que pour plaisanter. Le public a toujours fait beaucoup de cas des danseuses, en leur accordant protection et faveur; et je crois qu'elles ne seront jamais assez ingrates, pour se plaindre de lui. Chez nous, celles qui ont du talent, nous les avons toujours vues bien reçues, et fêtées par les personnes les plus distinguées de la ville, nous les avons vues s'asseoir à la table de nos grands seigneurs, et recevoir toutes les distinctions qui...... qui sont dûes à des artistes de mérite. Je dirai encore plus: j'ai entendu moi même des comtesses, et des marquises dire avec une espèce d'orgueil: « — Aujourd'hui nous avons eu une visite de M$^{le}$ C. : vous la verrez ce soir dans notre loge ». — J'ai appris cela par M.$^{me}$ T. elle même, qui est de mes amies — ". Vous voyez donc que votre maître a tort de dire que le public est un ignorant; il en sait même plus qu'il n'en faut, car, afin de mieux voir et honorer une danseuse célèbre, il a la patience de faire 4 ou 5 heures de queue à la porte du théâtre pour avoir une bonne place au parterre. Oh! il faut le dire, ce cher public n'épargne jamais son argent pour une habile danseuse, il lui fait des cadeaux, des portraits, des poésies, et il se fait même cheval, s'il le faut, pour traîner la voiture de sa divinité, après l'avoir assourdie de ses clameurs; en un mot, ces heureuses mortelles, si elles parviennent une fois à être princesses sur la scène, elles peuvent se flatter de garder leur rang après, et de continuer encore leur rôle dans la grande comédie de la société — ".

Ma danseuse parut charmée de m'entendre parler ainsi, et je crois que notre conversation n'aurait pas si tôt cessé, s'il ne fût pas entré dans la salle quelqu'un qui nous avertit que nous allions débarquer. Je pris alors congé de ma divinité future, et de l'heureuse mortelle qui lui avait donné le jour, et j'allai m'occuper de mes affaires. Le premier objet vivant qui se présenta à ma vue, quand je fus sur le pont, ce fut la Minette: je tremblais qu'elle ne me reconnût. Elles sont si intelligentes ces maudites chiennes! Mais elle avait peut-être aussi quelque affaire, et ne songea pas à moi. — Avant de mettre pied à terre, un Monsieur, que je reconnus après pour un Polonais, vint à moi avec cet air de bonhomie qui inspire aussitôt la confiance, et me dit:

« — Allez-vous à Paris?

— Oui, M.$^r$

— Y avez-vous des connaissances?

— Aucune — ». Ce fut ma seule réponse, car je ne jugeai pas à propos de lui dire que je portais sur moi le moyen d'en faire.

« — Où irez-vous loger, continua-t-il?

— Je n'en sais rien.

— Alors je vais vous adresser — », et il écrivit sur mes tablettes, que je lui présentai, une adresse dont je n'ai qu'à me louer, car je suis fort bien logé. Il me présenta ensuite à deux jeunes gens d'assez bonne mine, auxquels il avait donné la même adresse, et qui sont par conséquent mes voisins à Paris. Sur ces entrefaites le bateau s'arrêta. La diligence qui devait continuer le voyage était toute prête, ainsi, après un petit repas fait à la hâte, nous courûmes prendre nos places, et la voiture fut bientôt en train.

Je n'oublierai jamais ce qui m'est arrivé sur cette route, et je souhaite que le récit fidèle, que je t'en ferai, serve à te faire éviter le danger que j'ai couru, si jamais tu voyages en France.

Il faut d'abord que tu saches que les conducteurs des diligences françaises sont ordinairement des hommes un peu grossiers, parce qu'il paraît que leur emploi est encore moins en considération en France que chez nous. Ils ont la responsabilité la plus rigoureuse de chaque retard, de chaque malheur qu'ils auraient pu prévoir, et, dès qu'ils sont pris en faute, ils sont soumis à des amendes pécuniaires proportionnées. C'est une faveur que les voyageurs reçoivent, quand aux relais ils descendent un instant de la voiture, ou lorsqu'ils s'arrêtent au-delà d'une demi-heure pour leur repas journalier. Les conducteurs ordonnent, crient, en un mot, ce sont nos maîtres pendant le voyage.

Nous étions à Auxerre, qui est presque à mi-chemin de Châlons à Paris, lorsque le conducteur fit faire halte, et nous cria qu'il nous accordait trois quarts d'heure pour notre dîner. Le couvert était déjà mis, et le repas que l'on nous servit sur l'heure fut copieux. Malgré cela, soit la faim qui nous poussait, soit la peur de perdre quelque coup de dent, nous mangeâmes tous avec tant d'empressement, qu'au bout d'une demi-heure le tout était expédié. Je me levai de table le premier, et j'allai me promener dans une petite cour sur laquelle donnait une porte opposée à celle, par où nous étions entrés. Il n'y avait pas encore 5 minutes que je m'y promenais, que, rentrant dans la salle pour compter avec mon hôtesse, je n'y vis plus personne. Il me paraissait si impossible que l'on eût pu partir sans m'en avertir, que je payai, sans la moindre inquiétude, et tout à mon aise, mon écot à la fille, qui seule se trouvait dans la salle, laquelle ne m'avertit du départ précipité de mes compagnons, qu'après avoir reçu jusqu'au dernier centime, y compris son pour-boire. Figure-toi, mon ami, quel fut mon désespoir lorsqu'en sortant de l'hôtellerie, je vis la diligence à 200 pas au moins, qui allait avec toute la célérité, dont se sentaient capables 6 chevaux des plus robustes qui venaient de se rafraîchir ! Je me crus perdu ; cependant, cédant confusément au premier sentiment, je me mis à courir de toutes mes forces. J'eus beau courir à perte d'haleine pendant plus d'un quart d'heure, la voiture s'éloignait toujours de plus en plus. Alors, ne pouvant plus respirer, et d'ailleurs voyant l'impossibilité de mes efforts, je m'arrêtai. Une foule d'idées horribles les unes plus que les autres se présentèrent alors à mon esprit : Paris à cinquante lieues, seul sur une route étrangère, presque sans argent; car le tout, jusqu'à mon mouchoir, était là qui fuyait devant mes pas. Je ne songeai pas même alors, que j'aurais pu prendre une petite voiture et suivre la diligence, je ne voyais que toute l'horreur de ma situation, et la brutalité d'un homme qui, ayant appris que l'autre diligence nous avait dépassés, n'avait pas même voulu se donner la peine d'appeler à haute voix ses voyageurs. Malgré tout cela, ayant pris un peu d'haleine, j'avais repris ma course, encouragé par les gestes que mes compagnons me fesaient de la rotonde, et que je voyais à peine. Ils étaient émus de compassion, en me voyant leur tendre les bras d'un air suppliant, ils criaient contre le conducteur, me dirent--ils après, mais ils n'en obtenaient toujours que la même réponse: « — Il est tard, je n'ai pas de tems à perdre — ». Quand il plut à Dieu, la voiture parvint à une montée assez escarpée, et les chevaux ne purent plus marcher qu'au petit pas. Je réunis alors le peu de forces qui me restent, et j'arrive quelques minutes après, pâle comme la mort, à ce que l'on m'a dit, et dans un état à faire pitié aux cœurs les plus durs. Je me jette dans le coupé, aidé par mes compagnons, et j'y reste presque plus d'une demi-heure, sans pouvoir prononcer un mot en réponse aux questions dont on me pressait. La nuit me calma, et quand le matin vers les huit heures, à quelque distance de Charenton, un de mes compagnons s'écria : « — Voilà Paris — » j'oubliai tout le passé, pour ne plus m'occuper que du présent. J'avançai la tête hors de la voiture, je découvris les levées de terre des fortifications, je vis les vieilles tours noircies de Notre-Dame, et je cherchai des yeux la galerie d'où Quasimodo précipita le malheureux Frollo; je démêlai ensuite la coupole des Invalides, et enfin, quoique un peu tard pour mon impatience, je me trouvai au bout de mon voyage, je courais les rues de cette grande, de cette fameuse ville de Paris, que nous regardons toujours d'en bas avec tant d'admiration et d'étonnement. — Cette

capitale a-t-elle répondu à mon attente?
Le tableau que l'on m'en fit en Italie
ne se trouva-t-il point flatté à la vue de
son original? — Quiconque irait à Paris,
comme ailleurs, avec des idées exagé-
rées, risquerait de dire : « — Je croyais
voir quelque chose de plus beau, quelque chose de plus grand — ». Venez
à Paris sans prévention, et vous en
serez étonnés.

Tombeau de Napoléon.

J'ai visité ce matin le tombeau de Napoléon. Ce devait être ma première course en arrivant à Paris, je me l'étais promis avant de me mettre en voyage : ainsi, si c'était un vœu, le voilà accompli. Etait-ce une vive curiosité de voir au moins ce qui reste de l'homme supérieur que je n'ai pas pu voir de son vivant? Etait-ce l'ambition de pouvoir dire plus tôt: «—J'ai vu — », ou bien la vénération dûe à son esprit vaste, à ses exploits, à sa gloire? C'était peut-être même tout cela à la fois, mais je ne saurais pas le dire. Ce qui est pourtant bien vrai, c'est que les hommes admirent toujours ce qui est grand, qu'ils aiment le merveilleux et qu'ils ne sauraient nullement se défendre de rendre hommage au génie, c'est.... c'est, qu'à l'instar d'un visiteur de la Mecque qui va, dès son arrivée, plier le front devant les restes du prophète, je ne pus m'empêcher, en arrivant ici, d'aller tout droit au tombeau de cet illustre défunt.

L'Hôtel des Invalides, ce dépôt, je dirai ainsi, du courage malheureux, ou de la valeur domptée par la force irrésistible du tems, méritait, sans doute, l'honneur de recevoir la dépouille mortelle du grand Napoléon. Louis XIV qui voulait adoucir les maux et consoler la vieillesse de ceux qui avaient contribué à la gloire de sa patrie, ordonna en 1670 la construction de cet édifice, dont la magnificence atteste dignement la grandeur de ce monarque. La disposition du terrain extérieur planté d'arbres, permet à l'œil du curieux d'admirer toute la beauté de sa façade, qui se développe majestueusement sur une étendue de 612 pieds. Les trois étages, qui s'élèvent au-dessus du rez-de-chaussée, présentent une nombreuse quantité de croisées couronnées de trophées militaires, et l'entrée principale, qui s'ouvre entre deux pilastres ioniques, pareillement ornée de trophées militaires, est surmontée de la statue équestre de Louis XIV. L'inscription gravée sur le piédestal avertit l'étranger de la destination de cet édifice en ces termes :

*Ludovicus Magnus, militibus regali munificentia in perpetuum providens, has aedes posuit, an.* 1675.

Je ne m'approchai qu'avec respect de ce noble asile, et, tandis que j'en admirais la majesté, je fus saisi de vénération à la vue de ces vétérans qui, au nombre de 3800, y promènent avec une sorte d'orgueil leurs membres mutilés. Il me prit envie d'en interroger quelques uns, et leurs réponses, qui laissaient paraître beaucoup de bonté à travers la noble fierté du brave, ne servirent qu'à augmenter le sentiment que leur vue m'avait inspiré. La première chose qui se présenta a mes regards, en entrant, ce fut la statue en marbre de l'empereur, qui, à demi couverte de couronnes d'immortelle, atteste une espèce de culte, que les vieux militaires rendent à la mémoire de ce grand capitaine, qui les conduisit tant de fois à la victoire. A cette vue j'admirai le génie de Napoléon qui sut fixer le cœur des Français. — On le reçut avec un extrême plaisir, pensais-je, quand il vint mettre fin aux horreurs de la révolution ; on s'étonna un instant quand on le vit s'emparer de cette liberté fatale, qui avait coûté tant de victimes, mais on ne cessa pas de l'aimer ; on le pleura à sa chûte, et on alla après sa mort le chercher à grands frais d'une extrémité à l'autre du monde, presque, pour lui rendre des honneurs que bien peu de mortels obtinrent de leurs contemporains ; et tout cela par des Français, dont le cœur, dit-on, est si volage dans ses affections, si inconstant dans ses faveurs ! — Je m'arrêtai quelque tems sous le portique, et regardant tantôt la statue, tantôt ces anciens guerriers qui allaient et venaient dans la cour, je me dis :

« — Voilà comment tout s'use dans ce monde ! Voilà comment tout vieillit et passe ! Celui qui fut le plus grand, passe parfois le premier. Toutes ces pauvres gens furent autrefois jeunes, vigoureux, pleins de courage et d'espoir, maintenant tout a disparu avec leurs illusions ; ils traîneront peut-être quelques années encore leurs corps affaiblis sous ces arcades, et ils n'en sortiront après, que pour descendre au tombeau : l'empereur fut grand, il parut brusquement comme un astre radieux, il éblouit tout le monde de sa lumière, mais, sa nuit venue, il quitta l'horizon pour n'y plus reparaître. —

Après ces tristes réflexions, je traversai une belle cour de 32 toises de largeur et de 52 de longueur, magnifique pour ses portiques ouverts en arcades, et j'allai tout droit à l'église, qui est très-simple. Son plus grand ornement ce sont quatre immenses pavillons, ou drapeaux, pris aux Mexicains, et apportés à Paris en

1838 : des centaines d'autres enseignes prises en guerre, mais beaucoup plus petites que les premières, décorent tout autour le haut de la nef. Le maître-autel composé d'un baldaquin, soutenu par six colonnes dorées, se voyait à peine. Des réparations que l'on jugea nécessaires, et auxquelles on travaille depuis quelque tems, obligèrent les ouvriers à le couvrir d'une toile, et à défendre ainsi le passage dans le dôme, qui contenait l'objet de mes recherches. Je fus donc forcé de faire un tour hors de l'église, car le dôme a une autre entrée particulière vers les boulevarts. Je te ferai grâce ici de tout ce que je pourrais dire du portique et de la coupole, de leurs colonnes, de leurs statues, et de leurs peintures, je ne dirai que ce que les intelligens ont déjà dit : « — Cet édifice magnifique, où les artistes du siècle de Louis le Grand ont déployé à l'envie tous leurs talens, est un monument qui rivalise de beauté, quoique sur des proportions moins grandes, avec saint Paul de Londres et saint Pierre de Rome — ». Le cercueil est dans une chapelle à gauche, deux Invalides, qui y font sans cesse la garde, leur épée nue à la main, en avertissent aussitôt le visiteur. Si tu t'attaches à considérer ces deux factionnaires, qui ont ordinairement une manche de leur habit vide, une jambe de bois, ou un œil couvert d'un emplâtre noir, tu dirais qu'ils sont fiers de la fonction qu'ils remplissent : ils promènent leur vue d'un air qu'ils paraissent te dire : « — Nous avons servi sous lui ; il est mort, mais nous ne l'avons pas entièrement perdu — ». Je passai entre eux, et montant plusieurs marches couvertes d'un drap noir, je me trouvai à la grille dorée qui ferme la chapelle. Je fus d'abord presque surpris de me voir vis-à-vis de cet illustre cercueil : je demeurai quelque tems immobile, le front appuyé aux barreaux, sans rien voir, ou, pour mieux dire, en voyant tout à la fois, sans faire aucune réflexion particulière ; mais, quelle émotion, mon ami ! Quelles considérations quand je m'attachai à examiner chaque objet en particulier ! Je voyais ce chapeau distinctif qui nous fait aussitôt reconnaître les portraits de Napoléon, et je me disais : « — C'est lui — ». Je voyais cette épée que le général Bertrand rendit à son maître, et je me disais : « — Cette épée fit trembler l'univers, et lui qui la portait, il n'est plus — ». Je levai les yeux, et je lus sur quatre boucliers, qui décorent les parois : « — *Marengo, Wagram, Austerlitz, Jéna* — ». Il fut grand, me dis-je encore, et le cercueil d'en bas parut me répéter. « — Il n'est plus — ». Je restai quelque tems absorbé dans ces réflexions, le cœur touché de vénération et de pitié, puis, en soupirant, je m'écriai en moi même. « — Puisse son âme trouver dans le ciel les honneurs que nous rendons sur la terre à sa dépouille mortelle ! — » Quiconque approche de cette chapelle ne saurait s'empêcher d'éprouver de pareils mouvemens. Les exciter dans nos cœurs, fut assurément le but que l'on se proposa en la décorant. Les parois sont tendues d'un velours violet brodé d'or, qui, à la sombre clarté d'une lampe à gaz, qui y brûle nuit et jour, paraît noir. Les colonnes drapées de riches étoffes d'or et de soie, laissent paraître des chapiteaux et des bases dorés. Entre les deux colonnes vis-à-vis de la grille sur un soubassement drapé de velours violet brodé en or, on voit le cercueil de l'empereur couvert du poële impérial qui l'accompagna dans le voyage de Sainte-Hélène à Paris. Un aigle d'or, déployant ses grandes ailes, s'échappe du milieu des drapeaux pris à Austerlitz qui ombragent le cercueil, et, tandis que ces drapeaux te rappellent la valeur d'un héros, l'*N* brodée en or, que l'on lit sur les parois à côté de chaque bouclier, te dit que ce héros est Napoléon.

Je quittai la grille, et je descendis doucement les marches, la tête baissée et l'esprit encore sous l'influence des réflexions que je venais de faire. Quand je haussai la tête, je me trouvai entre les deux factionnaires invalides, qui, immobiles à leur place m'examinaient d'un œil scrutateur; ils voulaient apparemment lire dans mon âme, et savoir par moi, ce que l'étranger pense d'eux, et de leur héros. J'échangeai un regard avec l'un et avec l'autre, et je crois qu'ils n'eurent pas sujet d'être mécontens de moi.

Les deux Naturalistes — Jardin des Plantes.

N'as-tu jamais vu dans une société nombreuse, à un spectacle, dans un rassemblement quelconque, un homme qui s'approche presque humblement de toi, qui te fait une question insignifiante, d'un air, non pas de quelqu'un qui veut savoir, mais plutôt d'un homme, qui, ennuyé de se trouver seul dans une assemblée où il ne connaît personne, veut lier conversation avec toi? Ne t'est-il pas arrivé alors de recevoir cet homme avec un peu de froideur, de répondre à peine à ses questions, parce que tu te défies d'une personne qui paraît n'avoir aucun ami, qui te recherche sans te connaître, qui te donne presque son estime, avant encore de savoir si tu la mérites? Et si par hasard dans la conversation que tu ne peux pas éviter, tu t'aperçois que ton inconnu est un homme d'une grande érudition, ou bien, si par une de ces circonstances qui arrivent en pareils cas, il est forcé de prononcer son nom, un nom très-répandu, un nom illustre, que deviens tu alors? Tu es confus, tu te repens de ta froideur, tu veux réparer par ton empressement la faute que tu as commise, et tu finis par faire toi même ce que tu avais l'air de reprocher en lui. Eh bien! tout cela est précisément ce qui vient de m'arriver ici. Pour que tu en sois instruit, il faut que je te dise quelle promenade j'ai faite aujourd'hui, comment, et avec qui je l'ai faite.

Les deux individus, qui me furent présentés par le Polonais sur le bateau à vapeur, me témoignèrent tout de suite beaucoup d'égards, ils me caressaient même, et il me parut à moi qu'ils étaient charmés d'avoir fait ma connaissance et d'avoir en moi un compagnon à Paris. Je ne suis pas naturellement méfiant, mais en voyage je le devins à moitié, et je ne pouvais en conséquence répondre à leurs politesses, qu'avec un peu de réserve, et comme nous avons vu que l'on répond ordinairement à celles d'une personne que l'on ne connaît pas encore. Hier, dès que j'eus arrangé mes affaires à l'hôtel, je sortis sans me soucier d'eux, et aujourd'hui, je crois, j'en aurais fait autant, s'ils ne se fussent pas présentés à ma chambre, comme j'achevais de m'habiller.

« — Ah! Bon jour, messieurs! leur dis-je, en les voyant; charmé de vous voir!

— Nous fûmes bien fâchés hier, me répondirent-ils, après m'avoir rendu mon salut, lorsqu'en descendant, nous apprîmes que vous étiez déjà sorti.

— J'avais quelques affaires qui ne demandaient pas de retard, ainsi je suis sorti, dès que j'ai pu.

— Nous allions vous proposer de faire quelque promenade ensemble. Il est vrai que notre voyage n'est pas un voyage d'agrément, mais nos affaires ne nous empêcheront pas de voir ce que la ville offre de plus intéressant — ».

J'acceptai leur offre, en me disant : « — C'est le seul moyen de les connaître; après, si j'ai l'avantage de trouver en eux de braves gens, je ne serai pas fâché d'avoir quelque compagnon dans mes visites — ». Nous sortîmes à l'instant même, et nous nous dirigeâmes au Jardin des Plantes, où ils me dirent qu'ils étaient attendus. Chemin faisant, je leur demandai quelque chose sur les affaires qui les avaient amenés à Paris, et je tâchai par mes questions de parvenir aussitôt au but que je m'étais proposé. Ils me répondirent toujours avec beaucoup de politesse, sans me faire le moindre mystère, et, avant encore que nous eussions gagné l'endroit, vers lequel nous nous étions acheminés, ils m'avaient appris tout ce que je souhaitais savoir d'eux. Le moins âgé, qui s'appelle François, jeune homme de

30 ans, natif de Saint-Etienne dans le midi de la France, fut dix années professeur d'histoire naturelle à Lyon. C'est étonnant, n'est-ce pas? A vingt ans professeur d'histoire naturelle! J'en fus étonné à mon tour, mais mon étonnement cessa quand j'eus connu l'étendue de ses connaissances, et la vocation de ce jeune homme pour cette science. Son ami, Jean, naturaliste-dessinateur du Canton d'Argovie en Suisse, d'environ 36 ans, est marié, a deux enfans, et demeure depuis plusieurs années à Nimes. Ils sont venus à Paris pour se mettre en correspondance avec les savans naturalistes d'ici ; voyage préparatoire pour un autre bien plus long encore, qu'ils vont entreprendre pour le Brésil. François est le chef d'une petite société de 4 individus, qui se réuniront à Nimes, d'où il se rendront à Cette pour s'embarquer sur un navire marchand qui mettra à la voile le 20, ou le 22 du mois prochain : le marié amènera avec lui sa femme qu'il paraît aimer tendrement, et un petit enfant de l'âge de 5 ans. Le tems de leur

demeure au Brésil est fixé à six ans, pendant lesquels ils se livreront aux études de la zoologie et de l'anthropologie. Ce voyage scientifique a déjà éveillé l'attention de tous les naturalistes, et les professeurs de Paris, avec lesquels ils eurent hier une conférence très-longue, l'admirent et l'encouragent, en les assurant que personne jusqu'à-présent n'a entrepris des études anthropologiques dans ce pays. Ces détails m'intéressèrent vivement au sort de ces deux personnes, et me firent éprouver, comme je disais tantôt, un vif sentiment de repentir d'avoir négligé d'abord les égards qu'ils méritaient de moi. J'ai réparé ma faute, et je tâcherai de la réparer encore mieux dans la suite, parce que je me sens déjà attaché à eux par les liens sacrés du respect et de l'amitié.

Tout en causant, nous arrivâmes presque sans nous en apercevoir au Jardin des Plantes, qui est un temple magnifique, pour ainsi dire, consacré aux merveilles de la nature, et un des plus beaux ornemens de la France entière. L'enceinte de ce Jardin compte 84 arpens : nous y entrâmes du côté de la Seine, par une grande grille flanquée de deux pavillons, appelée communément la grande entrée, à cause de deux autres plus modestes qui s'ouvrent du côté opposé. En franchissant la grille, il se présente un large espace découvert qui s'étend jusqu'au bout, ayant à droite et à gauche une belle et longue allée plantée de tilleuls et de marronniers. Vis-à-vis on voit les galeries du Musée, à gauche on rencontre, à quelque distance, dans un réduit ombragé, un café, puis une autre galerie d'un style monumental, qui renferme la bibliothèque, et une collection très-riche de minéralogie. Sur sa droite on a d'abord la Vallée Suisse d'un goût tout-à-fait pittoresque, ensuite un cabinet d'anatomie comparée, les serres, et enfin une petite colline toute verdoyante qui invite à la promenade. Mais je commencerai aussitôt ma visite, parce que j'espère qu'en me suivant, tu pourras mieux te faire une idée de cette merveille parisienne. L'impatience de mes compagnons les aurait entraînés tout droit aux galeries, mais, par amitié pour moi, ils consentirent à faire régulièrement le tour du Jardin. Nous laissâmes donc de côté les allées, et, tournant sur notre droite, nous nous enfonçâmes dans la Vallée Suisse. C'est une promenade des plus charmantes, les arbres, dont elle est plantée, offrent par tout en été l'ombre et la fraîcheur; les enfoncemens et les élévations de terrain, que l'on y a pratiqués, la rendent variée, amusante, délicieuse. Le promeneur a ici de quoi s'entretenir une journée entière avec un plaisir toujours nouveau. C'est d'abord une ménagerie pour les animaux féroces, où l'on voit des hyennes, des lions, des lionnes et des jaguars, ensuite une famille bien nombreuse de perroquets, puis les oiseaux de proie, et une collection de singes, qui, sortant de leurs loges dans un emplacement grillé, pourvu de cordes, amusent le public par leurs gambades, et par une foule de bouffonneries toutes particulières à cette sorte d'animaux. Une palissade qui s'élève au milieu, renferme un éléphant assez gros, qui, glissant sa trompe hors des poteaux, vient te demander quelque morceau de pain, ou quelqu'autre pareille friandise pour lui; la même enceinte renferme une girafe, qui fait l'ornement de toute la ménagerie, et des bœufs d'Amérique, qui paissent tranquilles avec des vaches d'Inde. Toute cette partie du Jardin est parsemée d'enclos traçant de belles allées, qui te conduisent par tout, et qui ne contribuent pas peu à la beauté de ce lieu enchanté. C'est dans ces enclos, tantôt un chalet suisse, tantôt une cabane circulaire, et tantôt un bâtiment qui a l'air d'être en ruine; on y aperçoit des chameaux, des moutons à large queue, des daims et des chèvres de différentes familles, parmi lesquelles on distingue celle de Tartarie et de l'Inde, qui contribuent si puissamment à la parure de nos dames, en leur fournissant des schalls superbes: on y voit un bassin sur lequel se promène parmi les tortues une multitude d'oiseaux aquatiques, et enfin un fossé occupé par des ours, dont on remarque aussi avec plaisir les bouffonneries.

Le cabinet d'anatomie comparée qui se trouva sous nos pas, nous fut aussitôt ouvert, d'après la permission que mes compagnons obtinrent d'un professeur du Musée de leur connaissance. Ce cabinet, que l'esprit observateur et profond de Cuvier porta à la perfection, contient tous les squelettes des animaux de toute espèce, comparés entre eux dans la structure et la disposition de leurs divers organes. L'organisation humaine y est comparée dans toutes les races: on y voit des momies européennes, tartares, chinoises, des momies de nègres, d'hottentotes, de sauvages d'Amérique, jusqu'à celle de Bébé, le fameux nain du roi Stanislas. J'allai de surprise en surprise dans les 15 salles dont ce cabinet se compose, et je sortis en disant qu'il ne faudrait pas moins d'une semaine pour le visiter dignement.

Nous passâmes ensuite par quelques serres, qui s'élèvent à côté du jardin botanique, et gagnâmes la petite colline qui nous parut aussitôt délicieuse, à cause de sa disposition et de ses arbres verts. La montée, qui nous sembla bien longue quand nons voulûmes la comparer avec la hauteur que nous gravissions, est si douce et si riante, que l'on ne saurait parvenir au sommet sans l'envie de la recommencer. Les allées, qui tournent et retournent sur les flancs de la colline, en formant un labyrinthe, aboutissent sur une petite rotonde, entourée d'une barrière et ombragée par un cèdre du Liban. J'aurais fait bien volontiers une petite halte dans ce kiosque, sous le vieux toit de cet arbre qui compte plus d'un siècle, et, tout en respirant l'air pur qui frémissait dans les feuilles, j'aurais goûté le plaisir que la vue, quoique un peu bornée, des environs m'offrait, si mes compagnons, à qui il tardait d'entrer dans le musée, ne m'eussent pas fait remarquer qu'il était déjà tard. Ne voulant donc résister plus long tems à leur impatience, je déclarai que j'étais prêt à les suivre. Nous descendîmes par un chemin tout-à-fait opposé à celui qui nous y avait amenés en montant, et nous nous trouvâmes devant la façade du cabinet d'histoire naturelle, qui se présente sur une étendue de 290 pieds.

Je vis dans ce cabinet, et dans la galerie à gauche, à peu de distance, tout ce que la nature peut nous offrir de plus varié, de plus précieux, de plus admirable. Mes chers compagnons répondaient à toutes mes questions avec une complaisance et une bonté, dont je garderai long tems le souvenir. Leurs judicieuses observations sur différens animaux, m'eurent bientôt convaincu de l'avantage que j'avais eu de faire une pareille promenade avec de telles gens. Ils me montraient les différentes familles, en me faisant remarquer le caractère distinctif de chacune, ils me disaient le nom de certains individus bizarres qui m'étaient inconnus, me nommaient les pays qu'ils habitent, et m'expliquaient leurs habitudes, en s'arrêtant particulièrement sur celles qui paraissaient plus curieuses et plus intéressantes. Quand nous fûmes aux insectes, je crois que leur complaisance n'aurait eu aucune borne, si le professeur, qui les attendait, ne fût venu à mon grand regret s'emparer d'eux. Je les suivis toujours en prêtant une oreille attentive à leur conversation scientifique, je ne manquai même pas de tems en tems de leur adresser encore quelque question, et je finis mon tour en remerciant mes compagnons, et en les assurant que j'étais si satisfait de ma visite, qu'il m'aurait été impossible de l'être davantage. Je voudrais bien que tu pusses en dire autant de moi et de ma lettre, mais, comment oserais-je parler de tant de merveilles? Figure-toi, mon ami, qu'il faudrait parler d'une collection de poissons de 3,000 individus qui comptent 2,500 espèces, il faudrait parler de 15,000 mammifères, et de 6,000 oiseaux, dont les espèces différentes s'élèvent à 2,300 ; avoue, mon ami, qu'il faudrait être bien hardi pour parler de tant de choses différentes, vues en si peu de tems. D'ailleurs pour me montrer impartial il faudrait dire quelque chose aussi sur les reptiles, sur les insectes et les testacées : pourquoi oublierais-je ces pauvres animaux-là ? Impossible donc ! impossible ! Je dirai même franchement que, quand je voudrais le faire, il n'y aurait, pas moyen d'y réussir ; car, après m'être étonné sur la prodigieuse quantité des animaux, il a fallu m'extasier sur les végétaux, et sur les métaux, qui se présentaient à ma vue sous les formes les plus différentes ; il a fallu m'enchanter sur une très-copieuse collection de pierres, et il a fallu enfin me pétrifier moi même, en considérant les progrès de la pétrification animale et végétale. Je m'arrête donc ici, car je sens que mon esprit peureux, ombrageux, pour ainsi dire, ne saurait avancer d'un pas : ainsi, pardon.

Le professeur ne me laissa maître absolu de mes compagnons, qu'en sortant de la bibliothèque, notre dernière visite, après les beautés de la nature. Comme il était déjà bien tard, nous n'hésitâmes pas un instant à prendre la première allée qui se présenta, et, tout en causant de ce que nous venions de voir, nous gagnâmes la grille, et quittâmes cette précieuse enceinte, eux, pour n'y plus aller, et moi, dans la bonne disposition d'y retourner si j'en ai le tems.

Versailles.

« — N'irez-vous pas demain à Versailles, Messieurs ?

— Ce fut la question que nous adressa la maîtresse de l'hôtel, en nous voyant rentrer hier au soir, mes compagnons et moi.

— Oui, madame, nous y irons, mais pourquoi demain ?

— Parce que c'est demain que l'on fait jouer pour la dernière fois les grandes Eaux.

— Qu'appelez-vous grandes Eaux ? — Mais ! Les grandes Eaux ! N'avez-vous jamais entendu parler des grandes Eaux de Versailles ?

— Non, Madame.

— Eh bien ! Alors...... Tenez, je m'en vais vous expliquer ça. Les grandes Eaux, ce sont de grandes masses...... de grandes...... de grandes gerbes d'eaux, comme les appelle M.$^r$ François, qui jouent en tout sens, et..... Mais ce n'est pas encore ça..... Enfin les grandes Eaux, c'est quelque chose de plus beau, de plus grand que les petites, vous comprenez bien ?

— A merveille, madame.

— Les petites ne sont que de petits jets qui jouent plus souvent, mais les grandes ne jouent que le premier dimanche de chaque mois, et encore dans la belle saison. Ah ! Que c'est beau à voir M.$^r$ ! Que c'est superbe ! Vous verrez.

— Merci, madame — ».

Ce matin à dix heures, nous étions sur le chemin de fer, que l'on a établi sur la rive droite de la Seine entre Paris et Versailles. C'était un passage continuel sur ce chemin : les convois se rencontraient à chaque instant, et leurs rapidités jointes, en se croisant, produisaient sur notre vue un effet presque magique. On ne saurait distinguer aucun objet dans ces rencontres: c'est une traînée bariolée qui passe avec la rapidité de l'éclair, et dont le fracas te fait peur. Je ne crois pas que ce soit toujours la même affluence de monde, mais aujourd'hui les salles magnifiques, les galeries immenses des deux embarcadères de Paris et de Versailles versaient à tout moment une foule de monde, qui était aussitôt remplacée par une autre qui survenait: à toute heure on était sûr de trouver une embarcation prête. La route, à cause de l'inégalité du sol, est parfois basse, creusée entre deux rives bien hautes, qui empêchent de voir la campagne environnante qui est très-belle. On traverse beaucoup de galeries ou souterrains, où règne une profonde nuit, qui dure parfois quelques minutes, malgré la rapidité de la vapeur. On ne va pas mal sur ces routes, cependant, quand tu seras sur notre chemin de fer de Milan à

Monza, et que tu y trouveras quelqu'un de ces Lombards qui ont la fureur de n'estimer que les productions de France ou d'Angleterre, qui voudraient avilir notre cher pays, même lorsqu'ils ne sauraient le faire en bonne conscience, quand tu rencontreras quelqu'un de ces êtres-là, dis-je, qui te dira que l'on ne va pas assez vite sur notre route, et que c'est bien autre chose en France, tu lui répondras que c'est faux, absolument faux. Si je puis en juger d'après les chemins de fer que j'ai parcourus ici, on ne va pas plus vite en France qu'en Lombardie, avec la différence, que, si l'on n'est pas de ces embarcations qui vont tout droit à leur destination, on ne va qu'avec plus de lenteur, car la vapeur d'ici, qui s'arrête à tout moment, ne peut que rarement déployer toute la célérité dont elle est capable.

Malgré toutes les pauses auxquelles fut sujet notre convoi, à onze heures nous étions dans les jardins de Versailles, qui est à 4 lieues de Paris. Le jardin était encore désert, silencieux ;

seulement on voyait de tems en tems, à beaucoup de distance, quelque promeneur qui traversait le parc, où il attendait apparemment midi, car c'est ordinairement à cette heure que commence le spectacle, dont la magnificence attire toujours, dit-on, une quantité prodigieuse de monde. Les eaux petites et grandes étaient tranquilles, les bassins paisibles, et toute la famille aquatique s'y tenait coi. Les dauphins, les monstres marins, les sirènes, y compris les divinités de l'Océan jusqu'au grand Neptune, étaient là, raides, à fleur d'eau, ou sur les bords des bassins, les uns la bouche béante, les autres avec des vases, tous prêts à lancer de l'eau, dès que l'ordre serait venu. Mais, comme malheureusement cet ordre ne devait venir que très-tard aujourd'hui, nous profitâmes de ce tems pour visiter le château et ses peintures dignes de toute l'admiration. Un cicérone, ou soi-disant tel, voulait nous servir de guide, mais, outre que chaque tableau porte une petite, mais assez claire explication de son sujet, il y a à chaque sortie des domestiques en grande livrée qui nous guident, en nous indiquant par où l'on doit entrer ou monter. Nous remerciâmes donc notre cicérone, et nous nous contentâmes de lui adresser quelques questions, auxquelles il répondit tant bien que mal. Mais il ne se contenta pas de cela : il voulait nous dire quand, comment, et pourquoi on avait fait bâtir le château de Versailles avec les jardins et le parc qui l'environnent. Nous nous en défendîmes, il insista, il marqua tant d'envie de nous raconter cette histoire, que je me tournai vers mes compagnons, et je leur dis à voix basse : « — Cet homme m'a l'air d'un original ; je suis persuadé que son récit pourra nous amuser : laissez-le dire puisque nous ne sommes pas pressés — ». Mes compagnons sourirent, et, plus par complaisance pour moi, que par l'espérance de s'amuser, ils consentirent à l'écouter.

« — Pendant le règne de Louis XIV, commença M.r Minot, car c'est ainsi qu'il s'appelait, les deux ministres......

— Allons donc, dépêchez-vous, M.r

Minot, lui dit François. (Que ce titre de Monsieur ne te formalise pas, car en France tout le monde est M.ʳ ou madame).

— Attendez, continua notre cicérone; c'étaient...... Messieurs...... Messieurs...... Les ministres......

— Foquet et Colbert, repris mon compagnon.

— Justement, messieurs Foquet et Colbert. Je dirai donc que ces deux ministres-là, Foquet et Colbert, qui n'étaient pas de ces ministres comme ça, mais de ces ministres qui...... vous me comprenez? de ces ministres qui gouvernent à leur plaisir.

— Mais, M.ʳ Minot, l'interrompis-je alors, Luis XIV n'était pas de ces rois qui laissent gouverner les ministres à leur plaisir.

— Mais, je veux dire de ces ministres qui...... Vous me comprenez?

— Je comprends fort peu, dit alors Jean, qui n'avait pas encore parlé jusqu'à ce moment. Tout ce que je comprends, c'est que de ce train-là vous ne finirez pas votre récit avant le soir.

— Oh! Oui, M.ʳ ...... Il allait continuer, mais mon ami, malgré tout le plaisir que j'éprouvais à cette façon de raconter, perdit patience, et dit : « — Permettez, M.ʳ Minot, que je fasse moi-même ce récit ; vous serez libre de m'interrompre toutes les fois que je dirai quelque chose de plus ou de moins — ». Le cicérone eut un peu de peine à s'y conformer, mais enfin il accorda la parole à Jean, qui continua ainsi :

« — Le pouvoir de Foquet et de Colbert était grand, et trop grand même, pour que l'on pût maintenir long tems l'équilibre. Le pouvoir de l'un devait nécessairement être la victime de l'autre. Les deux ministres le comprirent, et ne négligeaient rien pour se nuire mutuellement dans l'esprit du roi. Foquet, qui était extrèmement riche, voulant donner une fête au roi, fit construire un palais et des jardins, qui effaçaient par leur richesse et leur magnificence tous ceux que les rois de France avaient possédés jusqu'alors. Par le moyen de machines immenses et très-ingénieuses, on avait su tirer l'eau de très-loin pour la faire jouer délicieusement dans les beaux bassins que l'on voyait par tout dans les jardins, et tout cela, peu importe la dépense, avait été fait avec tant de célérité, que l'on avait de la peine à se persuader que ce fût l'ouvrage des hommes. Le roi étonné, commença à craindre pour les finances de l'état, dont Foquet était ministre. Colbert qui, comme vous le pensez bien, ne sommeillait pas, se valut de l'occasion pour terminer une lutte, qui ne le laissait pas sans inquiétudes. Il montra d'abord au monarque toutes les raisons qu'il avait de soupçonner son collègue, et finit par le convaincre à n'en plus douter, que ses craintes n'étaient pas fausses: la perte de Foquet fut décidée à l'instant même.

— Pardonnez, M.', l'interrompit alors Minot, mais vous avez oublié une circonstance.

— Et c'est......

— C'est que Foquet, conseillé par quelques uns de son parti, qui avaient prévu sa perte, devait enlever le roi pendant la fête.

— Eh bien !

— Foquet, au moment d'exécuter son dessein, se troubla, et, au lieu de se saisir du roi, tomba à ses genoux; mais Louis, bien loin de se laisser toucher par ses prières, le fit arrêter — ».

Je n'ai jamais entendu cette circonstance, mais puisque c'est vous qui nous l'assurez, soit. — C'est alors, continua mon compagnon, que Louis XIV conçut l'envie d'avoir un palais et des jardins non inférieurs à ceux qui furent si funestes à son ministre, et Lenôtre, qui en avait donné le plan, fut chargé de construire Versailles.

« — Ça se peut, interrompit encore Minot, mais si vous voulez bien avoir la bonté de me pardonner encore une fois, je vous dirai que le plan du château fut donné par le célèbre Mansard qui......

— Qui, l'interrompis-je à mon tour en riant, qui donna le nom à ces beaux galetas qui ornent les toits de vos maisons.

— Vous riez, M.ʳ, mais nous devons

savoir bon gré à cet homme, qui, en utilisant les pignons de nos bâtimens, rendit service à tant d'artistes qui aiment à avoir un beau jour, et à tant de bonnes gens qui ne sont pas disposés à payer des loyers au-delà de leurs finances.

Il dit cela d'un ton si sérieux que, quelque envie que j'eusse de rire, je me retins, et je lui dis : « — Vous avez raison, mon cher Minot, et je puis vous assurer que, si vous n'avez pas eu le plaisir de nous raconter vous-même l'histoire que nous venons d'entendre, vous avez eu au moins la satisfaction de nous faire là des réflexions qui sont dignes de vous — ».

Satisfait de cette louange, et, peut-être, plus encore de la pièce que nous lui lâchâmes, il s'en alla, et nous entrâmes dans les salles.

On y compte 150 salles environ, dont quelques unes sont des galeries très-étendues. Le tout est tapissé de tableaux de différentes dimensions contenant l'histoire de France. Les pinceaux français les plus distingués de notre siècle, et des siècles passés, ont travaillé à ce musée national. On y trouve parfois des tableaux qui couvrent une paroi entière. Toutes les batailles, toutes les actions d'éclat s'y trouvent représentées, depuis la fondation de la monarchie, jusqu'à nos jours. Tous les portraits des rois, des reines, des princes, cardinaux, maréchaux, généraux et d'autres personnes illustres, y ont trouvé une place dans des salles séparées. C'est une chose étonnante, unique, je crois, et vraiment digne de la grandeur de la France.

En quittant les salles vers 4 heures, nous allâmes directement nous placer sur le perron du château, au milieu, pour jouir d'un seul coup de vue de la scène enchanteresse, que nous présentaient ces lieux, quelques heures plus tôt muets, tristes dans leur grandeur, alors animés d'une vie brillante par les eaux qui s'élançaient vers les cieux, et par une foule sans cesse remuante qui avait tout envahi. La contemplation de ce tableau, digne du pinceau de Cannella et d'Azelio, me tint long tems absorbé, immobile et comme cloué à ma place. Le parterre élégant qui se déployait sous moi, tout paré des fleurs les plus suaves, qui parfumaient l'air et paraissaient rivaliser entre elles d'éclat et de beauté, les toilettes élégantes et variées des dames, vues à travers les nappes, les gazes, les pluies formées par l'eau capricieuse de distance en distance, jointes à l'arc--en-ciel que nous offrait par-ci, par-là un soleil qui se couchait, tout cela avait bien de quoi entretenir des heures entières.

Nous descendîmes le perron, nous nous mêlâmes dans la foule et voltigeâmes avec elle dans les parterres, autour des bassins et à travers les arbres du parc, jusqu'aux deux Trianons. Que je serais entré volontiers dans ces demeures délicieuses, s'il m'eût été possible! Dans le petit surtout, dans ce temple d'amour, ministre discret de plaisir, qui recelait dans le tems les beautés dévouées aux caprices des rois! J'aurais voulu interroger ces meubles précieux qui en furent les témoins, et qui auraient pu me révéler bien des choses dans leur langage muet! Mais, cela ne se pouvait pas. D'ailleurs le tems inconstant d'ici, venant à changer tout à coup, nous menaçait et nous força de nous retirer. La pluie, qui tomba un quart d'heure après, nous accompagna jusqu'à Paris, où elle continua toute la soirée.

Départ des deux Naturalistes — Sèvres — Gobelins.

Mes compagnons, que je puis maintenant appeler mes chers amis, sont partis aujourd'hui à deux heures, en me laissant triste et seul dans cette capitale, qui paraît me faire sentir encore plus ma solitude, précisément parce qu'elle est vaste, peuplée et bruyante. Nous avons fait hier deux visites importantes, que je ne saurais oublier, mais, avant d'en parler, permets- -moi de dire quelque chose de ces chers amis, que je ne dois peut-être plus revoir. Je sais que cela ne peut pas t'intéresser beaucoup, mais c'est un tribut que je dois à notre amitié, ainsi, je crois que tu seras assez complaisant pour me permettre cette satisfaction.

Ils sont partis pour Lyon, d'où ils se rendront à Nimes, suivant les arrangemens qu'ils ont pris avec leurs compagnons de voyage. J'ai voulu les accompagner à la diligence, pour rester avec eux le plus long tems qu'il m'était possible. L'amitié qu'ils avaient pour moi, leurs lumières, leurs beaux caractères, et l'habitude que je m'étais faite de faire mes courses avec eux, me feront pour toujours à Paris regretter leur compagnie. « — Nous nous quittons, me disait l'un d'eux en allant à la diligence, et Dieu sait si nous devons nous revoir jamais!

— J'ai un pressentiment, lui dis-je, que nous nous reverrons encore.

— Si Dieu nous accorde santé et bonheur, à mon retour d'Amérique, avant d'aller me livrer à mes études dans ma patrie, je compte voir la belle Italie, et alors.....

Alors nous nous reverrons sans doute,

parce que vous ne voudrez pas, j'espère, oublier Milan, en visitant l'Italie.

Il me demanda mon adresse, que je lui donnai avec beaucoup de plaisir. Il la serra dans son porte-feuilles, et m'assura, dans les termes les plus propres à me le persuader, qu'il se souviendra toujours de moi. Nous arrivâmes tous trois à la messagerie. La diligence était prête, je les embrassai avec toute l'effusion d'un cœur ému, et nous nous fîmes des adieux qui n'étaient pas menteurs. En les voyant monter dans une voiture qui devait les emporter à l'instant, en songeant à la cause sacrée du voyage long et dangereux qu'ils vont entreprendre, j'eus bien de la peine à retenir une larme qui allait m'échapper. La voiture partit: je la suivis en courant pour leur serrer encore une fois la main, puis je restai immobile à ma place, en les voyant s'éloigner rapidement. Je ne revins de ma rêverie, que lorsque la voiture eut tout--à-fait disparu à mes yeux. Puisse le ciel bénir leurs efforts, et leur accorder le bonheur de revoir enfin pleins de gloire leur patrie ! Puissé-je, au bout de quelque année, en lisant les journaux qui parleront de leurs découvertes, avoir la consolation de dire : « — Mes amis sont heureux ! — »

Je suis encore si ému de leur départ, que je n'en finirais plus sur ce sujet. Cependant j'ai promis de parler des deux visites que nous avons faites hier, et je veux remplir ma parole.

Quand j'allai voir mes amis hier matin, je trouvai qu'ils n'avaient aucun projet de promenade fixe. Je leur proposai d'aller voir la fabrique de porcelaine, et comme ils étaient indifférens de faire une course plutôt que l'autre, ils acceptèrent sans discussion. Nous entrâmes presque aussitôt dans un cabriolet, et prîmes le chemin de Sèvres, où Louis XV transféra cette fabrique en 1759, après qu'elle eut épuisé les moyens du marquis de Fulvy, qui l'avait établie en 1738 au château de Vincennes. Moyennant nos passe-ports, nous fûmes admis dans un espèce de muséum, où, parmi des porcelaines étrangères, nous vîmes tout ce que cette manufacture, la première de son genre en Europe, produit de plus beau et de plus parfait; nous vîmes de superbes décors de table ornés de petites figures en haut-relief, des vases très-grands d'une beauté étonnante, de la vaisselle de tout genre, ornée, dorée et peinte avec une finesse, une intelligence, que l'œil de l'observateur en est surpris:

« — Vous ne verrez pas de pareils travaux au Brésil, dis-je à mes compagnons en souriant.

— Oh, non ! répondit Jean, et surtout dans la partie de pays que nous avons choisie pour nos observations, où la civilisation paraît avoir fait encore moins de progrès qu'ailleurs. Ça nous fera rappeler plus facilement la manufacture de Sèvres, et avec elle notre cher ami, qui nous proposa de la visiter.

— Je vous en remercie, repris-je; je puis vous assurer que ce ne sera pas le souvenir d'un ingrat que vous garderez — ».

On nous fit admirer après, sur porcelaine, les portraits de la famille royale, et ceux d'autres personnages distingués du royaume, des faits historiques, des copies de Raphaël et de quelques autres anciens peintres célèbres, exécutés avec tant d'art, qu'il me serait impossible d'exprimer tout l'effet que ça produisit sur moi. Ce qu'il y eut de désagréable pour nous, c'est qu'il nous fut impossible de visiter l'intérieur de cette fabrique. Pour en obtenir l'accès, il faut s'adresser par écrit au ministre de la maison, ce que nous n'avions pas prévu. Du reste, on assure que l'on n'obtient plus maintenant cette permission que très-difficilement, à cause de la distraction que les visites fréquentes des étrangers produisaient sur les ouvriers et les artistes qui y travaillent.

« — Que je serais charmé, me dit François en quittant la fabrique, si vous étiez de notre voyage ! — »

J'ai du me convaincre que ces chers amis, qui me faisaient sentir à chaque instant combien ils étaient fâchés de me quitter, m'aimaient véritablement.

« — Je sentirais moins vivement,

continua-t-il, le chagrin de quitter ma patrie, et avec elle des objets bien chers à mon cœur.

— Si nous nous voyions ensemble au-delà des mers, lui répondis-je, je crois que nous nous aimerions encore davantage, car deux compatriotes qui se trouvent sur un sol étranger, pour peu qu'ils aient de la conformité de caractère, s'aiment toujours avec une force, qui leur était inconnue auparavant, et nous serions compatriotes alors, parce que deux Européens qui se trouveraient dans une autre partie du monde, ne douteraient pas de considérer l'Europe entière comme leur patrie — ".

Ces discours qui formaient le sujet de notre entretien, ne furent interrompus que quand la voiture s'arrêta devant la manufacture royale des tapisseries de la couronne, la seconde visite que j'avais proposée à mes compagnons.

Nous entrâmes dès que nous fûmes descendus. Le bâtiment, que son peu d'apparence ne put nous retenir un seul instant, ne m'arrêtera pas non plus aprésent pour que je t'en fasse la description.

On dirait, en voyant cette entrée modeste, que l'on s'est bien gardé d'exciter par les ornemens d'architecture le plus petit sentiment d'une admiration, qui est toute entière dévolue aux merveilleuses productions du dedans.

Cette manufacture est connue en France, et par tout ailleurs sous le nom de Gobelins, parce que un Gilles Gobelin en 1450 établit sur cet emplacement une célèbre teinture en laines. Les successeurs des Gobelins apportèrent de Flandre l'art de fabriquer des tapisseries, mais comme dans la suite on s'aperçut que le gouvernement seul pouvait faire les avances nécessaires pour soutenir une fabrique, dont les produits ne convenaient qu'à des princes, Colbert en 1662 proposa à Louis XIV d'y établir une manufacture pour confectionner tous les meubles de prix destinés à l'ornement de ses palais. Cette nouvelle extension donnée aux Gobelins, ne dura que peu de tems, mais on continua de fabriquer ces tapisseries de haute et basse lisse, qui acquirent un renom européen. La laine ici est parvenue à exprimer toutes les nuances du pinceau le plus suave, à reproduire ses touches les plus hardies, à rendre de simples tapisseries des tableaux magnifiques, à telle enseigne, que voyant dans la salle d'exposition le tableau à l'huile de Pierre le Grand à côté de la tapisserie qui l'avait reproduit, il me fut d'abord impossible, à quelque distance, de distinguer l'une de l'autre. On voit dans cette manufacture les portraits les plus ressemblans, on voit les figures sortir peu à peu vivantes, je dirai ainsi, des mains de l'ouvrier, avec une perfection de dessein, avec une délicatesse, une force de coloris, avec un charme, que je pensais en perdre la tête. A peine si je pouvais répondre aux observations que mes amis ne manquèrent pas de faire de tems en tems, et encore en sortant, je me rappelle qu'ils me firent quelques questions, auxquelles je n'ai rien compris. J'étais déjà bien loin de la fabrique, que je ne pouvais pas encore revenir de ma surprise. Cependant, malgré mon étonnement, je ne pus alors m'empêcher, chemin faisant, de remarquer, sur la figure de François une tristesse, que je n'avais jamais vue auparavant. Je m'approchai de lui, et en passant mon bras droit sous son gauche, je lui dis:

« — Qu'avez-vous, mon ami? vous me paraissez contre votre ordinaire bien triste?

— Contre mon ordinaire, vous dites, mais apprenez, répondit-il, que depuis quelque tems la tristesse m'est devenue familière. Les curiosités que nous voyons par tout dans cette fameuse capitale, et surtout votre compagnie qui m'est très-chère, peuvent me distraire beaucoup, mais non pas encore assez, pour me faire entièrement oublier mes chagrins.

— Puis-je, sans paraître indiscret, vous demander le sujet de votre tristesse?

— Pourquoi vous en ferai-je un mystère? continua-t-il. Ce sentiment ne vous paraîtra que bien naturel à vous, qui avez un cœur capable des affections les plus tendres, et vous l'approuverez sans doute, quand vous en aurez connu la cause. Figurez-vous, mon ami, que j'ai une mère vieille qui m'adore, et qui n'a plus cessé de pleurer, dès qu'elle m'a vu décidé pour ce long et dangereux voyage. Je l'aime aussi tendrement, mais l'amour de la science a encore plus de pouvoir sur moi que ses larmes. Je me reproche sans cesse son angoisse, dont je suis la cause: il me semble même que je suis un fils ingrat, dénaturé; mais une vocation, à laquelle je ne puis pas résister, une force intérieure qui me pousse, qui m'entraîne, m'oblige de partir. Quand je songe que je vais lui faire le dernier adieu, la tristesse s'empare de moi, et je suis tel que vous me voyez — ".

Alors je me souvins à mon tour que j'ai une mère, qui m'aime aussi tendrement qu'une mère a jamais aimé: ses inquiétudes, qui paraissaient malgré elle sur son visage au moment de mon départ, se présentèrent à mon esprit; peut-être alors même songeait-elle à moi, peut-être aussi, pleurait-elle en s'exagérant les dangers d'un voyage que son cœur maternel trouvait si long.

« — Oh, mon Dieu! m'écriai-je alors, attendri par mes réflexions, et par tout ce que mon ami venait de me dire. — Oh, mon Dieu! Que vous m'êtes cher, François! — »

Et en l'embrassant avec un sentiment de tendresse indéfinissable, je versai quelques larmes, sans pouvoir dire un mot de consolation à ce pauvre ami, qui s'empressa de me rendre mon embrassement avec une émotion qui égalait la mienne. J'admirai en moi même le bon naturel de ce jeune homme, et je sens maintenant encore plus vivement la perte que je viens de faire. Trouverai-je aprésent ici d'autres compagnons qui vaillent les amis que j'ai perdus? C'est ce que nous allons voir.

L'Américain.

J'ai quitté depuis quelques jours une petite chambre que j'occupais au premier, pour une autre au troisième fort belle. Le lendemain de mon installation dans cette nouvelle habitation, en rentrant à trois heures après midi, fatigué d'une longue course que je venais de faire, je fermai la porte de ma chambre derrière moi, dans l'intention de prendre un peu de repos; mais, comme j'ôtais ma rédingote pour être plus à mon aise, trois coups précipités se firent entendre à ma porte. J'ouvre et me voilà nez à nez avec une personne, que je n'avais jamais vûe de ma vie. C'était un imberbe d'environ 20 ans, à cheveux blonds et crépus, d'une taille un peu petite, mais très-beau jeune homme du reste, enveloppé dans une robe de chambre, qui ne descendait pas assez pour couvrir ses jambes nues. Il se montra fort surpris en me voyant ; cependant, soit méchanceté de ma part, ou maladresse en lui, je dirai que sa surprise me parut un jeu, auquel il était préparé. Toutefois l'envie de connaître ce jeune homme me fit faire bonne mine.

« — Est-ce qu'il n'y est plus? dit-il.
— Qui? répondis-je.
— Mais.... Ce Monsieur qui demeurait ici.
— Je n'ai pas eu l'honneur de connaître votre Monsieur, mais il faut dire qu'il est parti, puisque j'ai pris sa place.
— Alors.... Alors....
— Entrez toujours, monsieur; vous m'avez l'air d'être un de mes voisins, nous ferons connaissance — ».

Il ne se fit pas répéter l'invitation, il entra et s'assit sur un fauteuil qui se trouvait dans la chambre. Je ferme la porte et je vais m'asseoir auprès de lui, pour lui adresser quelques questions.

« — N'auriez-vous pas un peu de tabac, me dit-il, sans même me laisser le tems d'ouvrir la bouche ?

— A priser ? répondis-je.

— Non pas, s'il vous plait, à fumer — ».

Et il me montra une grande pipe qu'il tenait à la main, et que je n'avais pas remarquée d'abord.

« — Avec bien du plaisir, monsieur. Voici ; nous fumerons ensemble — ».

Il s'inclina et sourit, ce qui voulait dire qu'il acceptait ma proposition avec plaisir. Nous bourrâmes donc nos pipes de tabac, et après avoir repris ma place à côté de lui, je commençai ma conversation en ces termes :

« — Vous êtes français, à ce qu'il me semble ?

— Oui, monsieur, répondit-il, en lâchant la fumée de mon tabac. C'est à dire....

— C'est à dire que vous ne demeurez pas en France ?

— Votre tabac est excellent.

— Je suis chârmé que vous le trouviez bon — ».

Et je lui répétai la même question, à laquelle il répondit cette seconde fois, en disant qu'il était créole de la Martinique. Cela me rendit encore plus curieux de savoir qui il était, et ce qu'il faisait à Paris. Je multipliai mes questions, mais lui, entièrement occupé de sa pipe, ne pouvait me donner que des réponses bien courtes. Cependant, parmi les globes de fumée dont il remplissait ma chambre, et ses observations de fumeur sur les différentes qualités de tabac, il parvint à m'apprendre que sa famille l'avait envoyé à Paris pour y étudier le droit, mais que, n'ayant pas son baccalauréat en philosophie, et ne pouvant en conséquence être admis à l'université, il aurait repris le chemin de la Martinique dans peu de jours.

— Et comment passez-vous votre tems à Paris ? continuais-je.

— Oh, mon Dieu! Pas trop délicieusement, car je suis dans un état de santé à faire pitié.

— Eh bien! repris-je — ».

Je ne pus m'empêcher de laisser paraître toute ma surprise, voyant que ses paroles s'accordaient si mal avec son extérieur. Figure-toi qu'avec des membres bien ronds, il avait des joues bouffies, d'une si belle couleur, qu'on aurait pu le prendre pour le portrait vivant de la vigueur et de la santé.

— Qu'avez-vous donc, poursuivis-je?

— J'ai.... j'ai.... j'ai des vapeurs.

— Ah! vous avez des vapeurs!

— Oui, monsieur. Est-ce que vous n'avez jamais eu de vapeurs, vous?

— De ma vie, je ne me rappelle pas d'en avoir eu, si pourtant on veut excepter quelque fois, que, par complaisance envers mes amis, il m'arriva de manger des mets trop succulens, ou de boire des vins capiteux.

— Je suis en outre poitrinaire, continua mon voisin, en poussant la fumée de sa pipe, et je suis sûr que ma poitrine m'amènera au tombeau.

— J'en suis sûr aussi, lui dis-je, mais espérons que cela n'arrivera pas si tôt.

— Et puis il me prend parfois des humeurs, que, si ce n'était pas les suites fâcheuses qui en résulteraient pour la maîtresse de l'hôtel, qui est une excellente dame, je me jeterais par la fenêtre — ».

A cette proposition, qui me fit hausser la tête avec précipitation, je m'aperçus que mon pauvre voisin avait le timbre fêlé. Le geste expressif et le roulement d'yeux qui accompagnèrent ses dernières paroles, me firent peur. J'avais envie d'aller ouvrir la porte, et de lui demander si, dans ses accès d'humeur, il ne lui était jamais arrivé de se jeter sur ceux qui se trouvaient présents, mais voyant qu'il était tombé dans une rêverie profonde, je jugeai plus à propos pour alors de couper cette conversation, et de l'amener par d'autres discours à des sentimens plus sensés; et j'y réussis. Je trouvai moyen de le renvoyer peu de tems après, mais en s'en allant, assurément plus tôt qu'il n'aurait voulu, il me demanda la permission de venir me voir. Comment la refuser à un voisin qui vous la demande avec politesse? Impossible. Il venait donc quelquefois dans ma chambre, et il me faisait des visites qui me devinrent bientôt fort incommodes, car, outre qu'il fallait perdre un tems pour moi précieux, sa conversation sentait toujours un peu de folie, et il était d'une curiosité si grande, que s'il avait pu connaître toutes mes affaires, ouvrir mes tiroirs, fouiller dans mes effets, lire les papiers qu'il voyait toujours étalés sur mon secrétaire, il aurait été, je crois, au comble de ses vœux. Un jour, tout en fumant mon tabac, il me dit:

« — Pourquoi voyagez-vous?
— Pour mon plaisir.
— Vous êtes donc bien riche?
— Assez riche pour voyager comme vous voyez.
— Vous n'exercez donc aucune profession chez vous?
— Je fais mes affaires.

*Asti.*

— Avez-vous un équipage dans votre pays?

— Milan est une ville bien pavée, très-propre et beaucoup plus petite que Paris; les équipages n'y sont pas nécessaires.

Il n'y a donc pas d'équipages à Milan?

— Monsieur, vous me pardonnerez si je vous quitte: j'ai quelques affaires de la dernière importance, qui me forcent de sortir à l'instant même, ainsi à revoir — ».

Il fallait toujours le chasser comme ça, car si je n'avais pas trouvé moyen de le pousser dehors, il aurait passé la journée entière chez moi. — Un matin que le cabaret, qui contenait les articles composant mon déjeûner, était là, sur le fidèle guéridon gardien du juste milieu de ma chambre, et que le maladroit de garçon, qui venait de l'y poser, avait oublié, en s'en allant, de fermer la porte derrière lui, mon créole, qui ne guettait, peut être, que l'instant de se glisser chez moi, profitant de la balourdise du garçon, vint me souhaiter le bon jour. Son costume ordinaire était celui du premier jour; une chemise, sa robe de chambre et ses pantoufles. Ce jour-là, je ne sais pas par quel hasard, il avait un caleçon, de sorte qu'il ne se souciait pas trop de croiser les deux pans de sa robe, qui pendaient librement chacun de son côté. Le caleçon crispé à la taille, était assuré par un ruban coulant, mais, apparemment pour être plus tôt chez moi, craignant, peut-être, que je ne fermasse la porte, il avait si mal pris ses mesures en le nouant, que, avant encore qu'il eût fini les civilités d'usage, le nœud se défit. Le caleçon glissa tout doucement sur ses cuisses, sans qu'il s'en aperçût, et venant s'arrêter sur ses talons, laissa mon voisin tout nu, avec une chemise, qui, au col près, m'avait tout l'air d'un surplis.

« — Monsieur, lui dis-je alors en retenant un éclat de rire qui allait m'échapper, est-ce la mode dans votre pays de porter des chemises si courtes ? — »

Il se vit, et se baissa avec tant de

précipitation pour ramasser ce maudit caleçon, que, donnant de l'épaule dans le guéridon, il envoya au bout de la chambre tous les vases qui contenaient mon déjeûner. Je me levai aussitôt ; j'allai crier contre sa balourdise, mais sa mise, jointe à l'air confus et piteux, dont il me regarda, apaisa ma colère; je finis par en rire aux éclats. Il se retira et je ne le revis plus.

Le surlendemain en rentrant, comme il faut passer devant sa chambre, dont la porte donne sur le passage qui mène à la mienne, je pris la précaution de monter l'escalier sans faire le moindre bruit, de peur de m'attirer quelqu'une de ses visites. La porte était bâillée, et une petite tête à cheveux noirs encore renfermés dans des papillotes était là qui en occupait l'embrasure. Ce n'était pas la tête de mon Créole, comme il est aisé de l'imaginer; c'était celle d'une toute gentille figure rondelette, ayant des yeux bleu foncé, c'était le petite tête d'une mignonne, que je voyais depuis quelques jours dans l'hôtel, et qui habitait la petite chambre au premier que j'avais quittée. Cette belle personne, que l'on ne pouvait voir sans un extrême plaisir, était si modeste, que tu n'aurais pu admirer ses beaux yeux que par hasard. Qui aurait pu imaginer qu'elle avait une intrigue? Cependant cet ange de beauté et de modestie était là, là, te dis-je, dans la chambre de l'Américain, ayant l'air d'attendre quelqu'un; mais, comme ce quelqu'un ce n'était pas assurément moi, elle se retira dès qu'elle me vit. Je gagnai ma chambre, qui n'est séparée de la sienne que par un mince briquetage, de sorte que je puis tout entendre, si l'on n'a pas la précaution de parler à voix basse. Le silence parfait qui régnait chez la belle, et qui me fit supposer que l'Américain était absent, ne fut interrompu que quelque tems après par la voix de la même. Les précautions qu'elle paraissait prendre en parlant, m'empêchaient de comprendre ce qu'elle disait, seulement que je croyais entendre de tems à autre la voix grosse et réprimée d'un homme. « — Ah! me disais-je alors, poussé par je ne sais quel sentiment,

Ah, le coquin ! Il ne m'a pas dit qu'il avait de ces vapeurs là ! — » Je sortis un instant après, mais je ne vis personne, parce que le drôle, contre son ordinaire, avait jugé à propos de fermer la porte. « — Il ne songera pas à se jeter par la fenêtre aprésent, me disais-je, en descendant l'escalier ; ce n'est pas assurément celle-là l'humeur qui le prend maintenant ! — »

Ce matin vers dix heures, comme je me disposais à sortir, un *mon cher* prononcé assez distinctement par la dame, vint frapper mes oreilles.

« — Voilà un nouvel accès d'humeur, m'écriai-je, et vite aux écoutes. Je sais bien que je n'aurais pas du écouter, mais le moyen de résister à ma curiosité ? Du reste, mon ami, avoue--le, à ma place tu en aurais fait autant, peut-être.

« — Mon cher petit, continuait la dame..... ça; sur mon giron..... approchez donc.... un baiser maintenant.... Allons, un baiser, si vous voulez que l'on continue de vous chérir — » et le bruit des baisers ne se faisait pas attendre.

« — Ah! criai-je alors, en tournant sur moi-même. Ah, par exemple! C'est trop fort! C'est scandaleux! — Et comment, Diable! ce gros créole a-t-il pu faire une conquête si précieuse? Est-ce quelque coquette qu'il entretenait en ville, et qu'il a fait venir demeurer dans l'hôtel? — Tandis que je me perdais dans ces conjectures, la dame continuait son train, et lui, l'imbécille, de se laisser dorloter sans dire un mot — ».

Mon petit ami! Uhmm!..... Que tu m'es cher!..... Pauvre mignon! — Lorsque tout à coup la belle, poussant avec bruit son siège, s'interrompit en criant : « — Ah! Le méchant! Il s'en va! — »

J'ouvre aussitôt la porte de ma chambre, et je vois cet heureux mortel qui sortait, beau, bien léché et qui, par un caprice tout particulier à cette espèce de créatures, enfila l'escalier, et se sauva à toutes jambes. « — Mais qui? — » Qui?..... Le plus beau chat que jolie dame ait jamais aimé. — J'appris alors que la dame habite toute seule la chambre depuis quelques jours, et que le pauvre diable que j'enviais est peut-être déjà sur mer en proie à ses vapeurs.

Charles — Course à Saint-Denis — Tombeaux
des rois de France.

Le sentiment de la patrie, s'il n'est pas le plus fort, c'est sans contredit un sentiment des plus doux et des plus durables dans un cœur noble. C'est une vérité incontestable, mais on ne s'en aperçoit jamais autant que lorsqu'on est en pays étranger : plus on s'éloigne de sa patrie, plus ce sentiment devient cher et délicat. La moindre chose qui a un rapport avec ton pays, te fait battre le cœur : un mot de ton langage, qui vienne par hasard frapper ton oreille, te fait tourner précipitamment la tête, une personne qui ressemble à quelqu'un de tes compatriotes t'inspire de la sympathie, une campagne, une maison, un objet enfin quelconque t'arrête et te fait éprouver des plaisirs bien doux, en te rappelant des souvenirs auxquels tu ne peux plus être indifférent. Ce noble amour, qui est peut--être le seul entièrement dénué d'égoïsme, va jusqu'à te faire oublier des torts que tu aurais par hasard reçus. Par une de ces combinaisons tout-à-fait particulières, je rencontrai au tombeau de Napoléon un homme de mes concitoyens qui m'a fait autrefois bien du mal, qui m'a le premier ouvert le livre du cœur humain, en m'y faisant lire l'horrible mot : « — *Méchanceté* — » un homme qui m'a appris jusqu'où peut aller par avarice une âme, qui se pique le plus de probité, un être infin que je haïrais, si je me sentais un cœur capable de haïr. Eh bien ! Le croirais--tu ? Sa vue, loin de me rappeler mes souffrances passées, me rappela mon cher pays, et ce fut pour moi un sentiment de joie, que je ne saurais pas définir. D'après cela il ne te sera plus maintenant difficile d'imaginer quel dut être mon plaisir, lorsque je rencontrai, il y a quelques jours, un jeune homme milanais de 24 ans, que je connaissais déjà un peu, et dont la figure m'avait inspiré de la sympathie dès le premier moment que je le vis chez nous. C'est lui aprésent qui m'accompagne dans mes courses, et tu me permettras, j'espère, de dire sur son compte tout ce que je jugerai plus à propos, pour que tu le connaisses. Nous nous étions vus plusieurs fois dans un café à Milan, nous nous étions même adressé quelquefois la parole, mais notre connaissance n'alla pas plus loin, parce qu'il partit tout de suite après. Cependant quand je le vis un soir se promener tout seul à la galerie d'Orléans, je courus au-devant de lui, nous nous embrassâmes, et nous devînmes bientôt amis. Charles, c'est son nom, est un garçon qui peut intéresser pour les avantages de son physique, aussi bien que pour ses qualités morales et pour ses aventures. Avec une taille élancée, il a une figure agréablement pâle, deux grands yeux fort expressifs, et une chevelure noire naturellement bouclée, qui lui tombe sur les épaules. Il a une âme de feu, beaucoup de talent, ainsi que de la loyauté et de l'honneur. Si ce n'était pas le reproche qu'on peut lui faire de voyager contre la volonté de ses parens, je n'hésiterais pas un seul instant à dire que j'ai trouvé en lui un jeune homme entièrement digne de mon estime et de mon amitié. Il était depuis deux ans commis dans une maison de commerce à Lyon, lorsque la fureur de voyager le gagna. L'antipathie naturelle qu'il a toujours eue pour le commerce contribua beaucoup à le décider en faveur de sa nouvelle passion, et il brava tous les dangers auxquels s'expose très-souvent un enfant, qui voyage contre l'aveu de sa famille, dépourvu de moyens sûrs, ce, dont un voyageur ne peut pas se passer. Il vit toute la Suisse, il visita les villes les plus importantes du midi et du nord de la France, et passa ensuite en Angleterre; mais voyant que l'air de la Grande Bretagne ne convenait pas tout-à-fait à sa santé, il quitta Londres pour Paris, où il demeure depuis trois mois. Ses aventures qu'il me raconta pourraient former le sujet du plus beau roman, que j'aurais bien envie de te mander, mais je n'oserais le faire sans sa permission. Charles vient me voir souvent, et ce matin, comme il vint de bonne heure, je lui proposai d'aller à Saint-Denis, petite ville à deux lieues de Paris, qui ne compte pas plus de 6000 âmes, mais qui est fameuse pour avoir été destinée à la sépulture des rois. Il accepta sans hésiter ma proposition, et nous venons de faire une visite, que je ne juge pas indigne d'occuper une place distinguée dans mes lettres. Nous nous embarquâmes sur les boulevarts: je dis embarquâmes, parce que la voiture qui nous accompagna ressemblait, à la grandeur près, à une de cette espèce de huttes, que l'on voit dans certains bateaux. Ce sont des voitures communes, que l'on a exclusivement établies pour le petit voyage de Paris à Saint-Denis, et de Saint-Denis à Paris, et que l'on appelle du beau nom (passe-moi le terme) de *pot de chambre*, ou, plus récemment, de *coucous*. Les Messieurs ou les Dames, qui entrent dans cette espèce de voitures, sont gratifiés (je ne fait que rapporter fidèlement ce que l'on m'a dit.) du nom de lapins. Il y avait donc dans ce *pot de chambre*, suivant les premiers, de l'ordure pour six personnes, ou, pour parler plus décemment, nous étions six lapins dans ce *coucou*, tant mâles que femelles, placés trois d'un côté, et trois de l'autre, mais de façon que nos museaux se regardaient, et les pattes des lapins à gauche se croisaient avec celles de leurs compagnons à droite. Dès que nous fûmes placés, le *coucou* commença à rouler; cependant, comme ses ressorts n'étaient assurément pas anglais, et que les chemins en France sont assez raboteux, les lapins renfermés commencèrent une danse furieuse, mêlée de tels bonds, qu'ils manquèrent plus d'une fois de s'écraser la tête contre les planches qui composaient la partie supérieure de leur cage. Nous comprîmes alors la nécessité de nous assurer des mains à la banquette le mieux que possible, mais la scène n'était pas moins comique, car le jeu n'avait fait que changer de direction : la danse, plus ou moins vive, continuait toujours, et au lieu de bondir en haut, nous bondissions les uns contre les autres. « — Je ne veux pas vous déranger — » disait l'un à son vis-à--vis, et il ôtait son chapeau d'au-dessus de ses genoux, mais un cahot survenait à l'improviste, et le chapeau, avant d'avoir regagné sa première place, avait été écrasé sur la figure de celle, pour qui on avait eu tant de politesse. Mon ami frappait de tems en tems du vaste bord de son chapeau parisien le nez couleur pourpre d'un ivrogne sexagénaire, qui lui était opposé, apparemment pour empêcher qu'il s'endormît, car il nous avait l'air de sommeiller. Ce dernier grommelait entre ses dents, mais il prenait presque aussitôt sa revanche, et je puis assurer pour l'honneur de la vérité, que ce n'était pas par malice. Tantôt une robuste paysanne, à ma gauche, me heurtait avec tant de violence, comme si elle eût voulu me lancer hors du *coucou,* tantôt une belle blonde de 18 ans venait frapper du front jusque sur mes genoux, et tantôt la compagnie entière des lapins confondait rudement ensemble ses museaux. Quoique ce genre d'amusement ne fût pas d'abord tout-à-fait de mon goût, je finis par en rire avec mon compagnon ; nous profitâmes même de l'avantage que nous avions de faire en notre patois milanais des gloses sur les autres lapins, qui, n'étant pas de la même garenne, n'avaient pas garde de nous comprendre.

« — Vois, disais-je à Charles, vois le chapeau écrasé de ton voisin qui lui tombe sur les yeux...... Diable ! avec ce nez crochu, il m'a l'air d'une chouette...... Tiens ! il fait l'aimable.

— Oh ! laisse-moi, disait mon ami, j'ai de l'occupation de reste : ne vois-tu pas mon vis-à-vis qui paraît indisposé.

— Eh bien !

— Diable ! Tu ne comprends pas ? Cet homme-là a mangé et bu son soûl.

— Tant mieux pour lui.

— Oui, tant mieux, s'il ne lui arrive aucun accident, mais je crains fort que les cahots de la voiture..... Tu me comprends, c'est moi qui recevrais la décharge.

—Messieurs sont Italiens? disait alors l'homme au nez crochu — ».

La peur qu'il n'eût compris ce que je venais de dire me fit prononcer un *oui, M.*ʳ avec tant d'embarras, et de confusion même, si tu veux, que si mon questionneur eût été un peu plus fin qu'il ne l'était, il aurait facilement pu s'apercevoir que j'étais coupable envers lui. Toutefois, l'air dont il me parla me rassura un peu, et il acheva de me convaincre qu'il n'avait rien compris du tout, lorsque d'un sourire presque de triomphe il continua.

« — Je m'en suis aperçu tout de suite, parce que je connais un peu l'italien, moi — ».

C'était un de ceux, à qui il suffit de savoir balbutier quelque mot d'une langue quelconque, pour dire à l'étranger. « — La langue que vous parlez ne m'est pas inconnue — ». D'ailleurs quand même il aurait su un peu l'italien, il aurait eu encore bien de la peine à comprendre notre patois milanais.

« — Vous aurez donc compris tout ce que nous avons dit? repris-je.

— Mais, presque tout. Vous disiez que......

— Nous disions que heureusement le voyage est court, sans quoi nous arriverions tout meurtris — ».

C'est ça. — Il m'est échappé quelque mot, parce qu'il y a quelque tems que je ne m'exerce pas, mais le sens je l'ai saisi tout de suite.

A merveille! C'est un grand avantage de connaître des langues étrangères. — Par bonheur il arriva alors un cahot qui nous servit de prétexte pour satisfaire l'envie que nous avions de rire. Si j'avais du me retenir plus long tems, je pense que je serais mort étouffé. Il ne manquait plus que cela pour achever de nous mettre de bonne humeur; mon ami oublia l'accident qui pouvait arriver à son sexagénaire, et continua de rire avec moi, en faisant des observations sur l'avantage de connaître des langues étrangères. Notre compagnon nous assura après, non sans une extrême satisfaction, qu'il avait tout compris.

Dès que nous fûmes arrivés, nous quittâmes notre cage, et sans nous embarrasser de savoir quelle direction auraient pris les autres lapins, nous nous dirigeâmes vers l'église. Nos esprits se recueillirent, nos discours devinrent graves, bref, nous n'eûmes pas si tôt touché le seuil de ce temple, que nous nous aperçûmes que nous étions encore des hommes pour admirer ce que l'architecture a de plus grâcieux. L'impatience de voir un sanctuaire, dont on nous avait dit tant de choses, et les réflexions que nous fîmes en chemin, qui augmentèrent encore ce sentiment, nous entraînèrent, pour ainsi dire, dans son intérieur sans nous laisser le tems de nous arrêter devant sa façade, qui est vraiment digne de quelque attention. Dénuée presque de tableaux, de peintures et d'autres ornements de pareil genre, mais d'une architecture svelte et très-élégante, cette église m'enchanta. En m'écartant un peu de Charles et du cicérone, j'allai me placer dans la nef du milieu, et prenant la posture de quelqu'un qui ne compte pas s'en aller sur le champ, je restai quelque tems à la contempler. Quelqu'un qui m'aurait considéré, aurait facilement pu lire dans mes yeux, et sur mes lèvres le sentiment de plaisir, et la joie, je dirai ainsi, que la vue de cette église me causait: je ne pouvais me lasser de l'admirer. Ses nefs gothiques, longues et étroites, loin de gâter l'harmonie de l'ensemble, rendent l'église encore plus jolie, et les piliers, qui paraissent si légers à cause de leurs cannelures, s'élancent avec grâce du milieu de l'église pour soutenir une belle voûte percée de fenêtres, qui éclairent agréablement toute la nef. On admire par tout un bon goût qui enchante, mais ce qui achève de donner à ce sanctuaire un air presque coquet, ce sont les fenêtres du chœur, que l'on aperçoit, en entrant, dans toute l'élégance de leurs vitraux coloriés, lesquels, reflétant un jour vif et brillant, qui n'est point intercepté par les compartimens et les plombs de l'ancien procédé, nous font sourire de plaisir. Dans mon extase je comparais cette église à la taille fine et élancée d'une jeune vierge, qui dans la simplicité de sa robe petille de grâce et de beauté. Je ne sais pas si la comparaison tient, mais il me fut impossible alors d'en trouver une autre, qui eût pu rendre les sentimens que m'inspirait ce temple fraîchement restauré. Sous la nef à droite on a pratiqué une petite porte qui donne accès à une très-belle et très-vaste chapelle, séparée de l'église par une cloison vitrée, qui sert à la défendre contre l'air. Le chapitre qui y officie pendant la saison froide, l'appela la chapelle d'hiver. Presque au bout de la même nef, à droite, avant d'arriver au chœur, dans une autre chapelle, mais très-petite, on remarque un beau monument en marbre, élevé à la mémoire de François Premier, mort en 1547 : les images sculptées du roi et de la reine son épouse, occupent de leur long le dessus du cercueil. A peu de pas du monument, à gauche, une pierre blanche m'avertit qu'un tombeau devait exister là-dessous. J'allai aussitôt trouver notre cicérone qui s'entretenait avec Charles devant le maître-autel, et je lui demandai ce que c'était. Le cicérone me dit : « — Avant de vous occuper d'autre chose, remarquez cet autel, qui est bien digne de votre attention. C'est devant cet autel, qui du Louvre fut transporté à Saint-Denis, que Marie Louise devint la femme de Napoléon — ». J'ouvris de grands yeux, et je voulus examiner de plus près le célèbre témoin de ce mariage, tandis que mon cicérone continua en disant : « — Maintenant apprenez que la pierre blanche que vous avez vue là-bas, aux pieds des marches, est la tombe de Louis XVIII, qui y attend son successeur, pour aller après reposer avec les rois ses ancêtres dans les caveaux en bas. Je me souvins alors que le même usage est pratiqué en Piémont, dans les tombeaux des rois à Superga, avec cette différence pourtant, que l'on expose en Piémont à la vue du visiteur le cercueil du dernier défunt, tandis qu'on le recelle en France dans un tombeau particulier, où il est absolument défendu d'entrer. Nous fîmes ensuite le tour du chœur, où j'eus lieu d'admirer sur les vitraux coloriés les portraits de tous les rois de France, depuis Clovis jusqu'à Louis Philippe, et je gagnai par ce chemin la porte gauche des caveaux, qui s'étendent sous l'emplacement du chœur.

Il te serait aussi difficile d'imaginer, qu'à moi de dire quels furent les sentimens que j'éprouvai en entrant dans ce souterrain. Quels que soient les restes que des tombeaux renferment, ce sont toujours des tombeaux, et ils ne peuvent nous inspirer que des sentimens plus ou moins graves, plus ou moins tristes, selon notre croyance, l'état de nos cœurs, ou notre position sociale, mais des tombeaux de rois...... Oh ! c'est quelque chose de plus grand, c'est quelque chose de plus poétique ! C'est d'abord un sentiment presque de pitié, en voyant tant de grandeur, tant de pouvoir rénfermés dans un petit espace de peu de pieds, exposés à la curiosité de tout venant. Nous nous oublions presque devant les restes d'un roi, et si nous revenons à nous mêmes, ce n'est que conduits par un sentiment d'orgueil, qui nous fait dire : « — Grands des siècles passés et à venir, nous serons enfin tous les mêmes dans l'éternité ! — » Je voyais le conquérant, qui acheta sa gloire au prix des larmes et du sang de tant de victimes, j'apercevais le roi, qui se distingua par ses vertus paisibles et par les soins qu'il donna à la tranquillité, et au bonheur de ses peuples, et je me disais: « — Lequel des deux sera maintenant le plus grand aux yeux du Juge éternel ! — » Ici gisaient les restes d'un monarque qui édifia ses peuples par sa piété, là un roi qui passa sa vie dans le luxe, et les plaisirs les plus recherchés, plus loin un autre encore, qui perdit cette même vie sur un échafaud. Quand au milieu de cette foule de trépassés, je me disais: « — Ce sont presque tous des rois, ou des reines — », c'était un frisson général qui m'allait jusqu'au cœur, c'étaient des sentimens indéfinissables. Si j'avais été seul et libre, le silence de ce souterrain à peine éclairé par de petits vitraux, et les monumens imposans, que l'on rencontre rangés à droite et à gauche, m'auraient retenu bien long tems, mais mon cicérone qui les voyait peut-être pour la millionième fois, ne se sentant pas plus ému là, qu'ailleurs, souhaitait faire son tour. Il me montra donc d'abord à ma gauche le tombeau de Clovis Premier, mort en 511, à droite son successeur, mort en 558, puis la reine Clotilde, décédée l'an 486, ensuite il me fit remarquer la tombe de Chilpéric et de Frédégonde, qui y descendirent, l'un en 584, l'autre en 596, celle de Clotaire, de Clovis Second, de Charles Martel, de Pépin, de Berthe sa femme, et ainsi celles de tous les autres rois de France, suivant leurs différentes dynasties, jusqu'à l'infortuné Louis XVI et à Marie Antoinette sa malheureuse épouse. Charles, qui s'était d'abord lancé avec moi au milieu du caveau pour en admirer l'ensemble, et faire ses réflexions générales, refusa après de nous suivre dans le tour régulier que je fis avec le cicérone. A la vérité ces cercueils, qui portent chacun son inscription, n'ont pas besoin d'éclaircissement. D'ailleurs, il aimait à faire comme le papillon, aller de tombeau en tombeau, en s'arrêtant particulièrement sur ceux, que des souvenirs historiques rendaient plus intéressans, en excitant plus d'émotion dans son cœur.

Au milieu de ce demi-cercle souterrain on trouve une petite chapelle, que Napoléon avait décrétée en expiation des profanations commises pendant la révolution contre les cendres des rois trépassés. Ces profanations sont cause que l'on ne trouve plus maintenant dans ces caveaux que les restes de Louis XVI, de la reine Marie Antoinette, de ses tantes, et ceux du duc de Berry. Les restes du duc de Bourbon, mort en 1830, et de Condé son père, décédé l'an 1818, se trouvent dans une petite chapelle noire, pratiquée dans le souterrain même, éclairée par une petite lampe sépulcrale.

Quand nous quittâmes ce souterrain, mon ami et moi nous étions silencieux, chacun en proie à ses réflexions : nous étions déjà sur la place et nous n'avions pas encore dit un mot. Ce fut Charles qui rompit enfin le silence, pour me demander, si nous ne nous serions pas arrêtés un instant, avant de rependre notre chemin pour Paris. Nous fîmes en effet un petit tour, et nous remontâmes après dans un *coucou*, qui ne nous ramena pas plus heureusement que l'on nous avait conduits.

Le Tailleur B...... — La Colonne de Juillet — L'Hospice des Quinze-vingts.

J'ai fait ce matin une visite bien précieuse, une visite que je ne dois qu'au hasard, mais qui, malgré cela, est assez intéressante pour que j'en parle : j'ai vu l'atelier d'un tailleur. — Quoi ! Un tailleur !..... Oui, M.$^r$, un tailleur. Et pourquoi un tailleur ne méritera-t-il pas que l'on parle de lui ? Couper une étoffe pour en tirer un gilet, qui dessine une courbe, en dépit d'une poitrine plate, faire un habit qui donne de la carrure à tes épaules, te serre à la taille, et te grossisse les flancs, ce n'est plus un métier, c'est un art. D'ailleurs il s'agit ici du premier tailleur de Paris, à ce qu'il me dit lui même, il s'agit en conséquence du premier artiste-tailleur qui existe, car c'est la France qui excelle dans cet art: c'est donc d'une rareté du monde que je parle.

Charles mon ami vint chez moi ce matin, et me proposa une promenade sur les boulevarts.

« — Nous irons, me dit-il, voir la Colonne de Juillet, et de là, nous pousserons jusqu'à l'Hospice royal des Quinze-vingts.

— A merveille! lui répondis-je, mais il faut d'abord que je porte cette lettre à son adresse — ».

Un de mes amis de Milan m'en avait chargé, sans pourtant me dire de quelle condition était la personne à qui il m'adressait, et voilà comment, sans le savoir, je tombai dans cet atelier. Je sais maintenant bon gré à mon ami qui, en me présentant l'occasion de le servir, m'a procuré l'avantage de connaître ce coryphée des tailleurs parisiens. — Un jeune homme italien qui fait son apprentissage, ou pour mieux dire ses études sous la direction de M.r B. vint nous ouvrir. Il nous fit traverser une espèce de galerie, et nous amena dans le cabinet où M.r fait ses calculs, car les tailleurs de notre époque calculent et raisonnent comme des géomètres, de sorte que si la grosseur de l'homme était toujours en proportion parfaite de sa hauteur, l'art du tailleur ne serait plus un art, il serait une science. Je crois même que quelque génie a déjà essayé cette métamorphose, car on voit maintenant circuler de grands livres tout remplis de perpendiculaires, de courbes, d'horizontales numérotées, de triangles, de quadrangles portant des chiffres, que les prosélytes seuls de la science comprendront. C'est là, je crois, où les plus instruits résolvent leurs problèmes : je pense cependant que la conséquence doit être presque toujours la même. « — Ça ne va pas — » à cause, bien entendu, de quelque disproportion que l'on rencontre toujours dans la pratique. Quand nous entrâmes dans le cabinet, M.r B. ne calculait pas, il était debout devant une grande table, où il s'amusait à découper de grandes feuilles de papier bleu, qui devaient probablement servir de modèle dans la coupe de quelque vêtement. Dès que je lui fus présenté, il quitta son travail pour nous recevoir plus honnêtement; il reçut la lettre de mes mains, et nous obligea de nous asseoir tandis qu'il la lisait. Après cette lecture, qui fut un peu longue, il chargea un de ses commis de la réponse, et se crut en devoir de nous entretenir pendant ce tems-là. Tant de politesse dans un tailleur commun aurait pu nous étonner, mais dans M.$^r$ B., qui ne doit voir que des familles distinguées, des gens à la mode, la crême masculine de la société, nous trouvâmes que tout cela n'avait rien que de tout simple et de naturel. Cependant, si l'on veut y faire un peu d'attention, on trouve que cela ne doit pas plus étonner dans un maître tailleur, que dans les autres, car, je suppose, qu'après que le public a daigné les prendre en considération, ils auront enfin connu que pour apprendre à bien manier les ciseaux, il faut une certaine éducation préparatoire. C'est peut-être aussi en conséquence de cette éducation, qu'ils s'en estiment davantage, et qu'ils nous font là des raisonnemens qui enchantent. « — Si le personnage d'un certain âge, disent ils, se trouve à l'aise dans son vêtement, sans la moindre altération de formes dans son corps, c'est à nous qu'il en est redevable; si le dandy se distingue au *corso* et dans les galas, par la beauté et l'élégance de sa taille, c'est encore à nous qu'il a des obligations — ». Eh! soyons sincères. Qui ne sait pas, que c'est du tailleur que dépend presque toujours la réussite d'un jeune homme dans le monde galant? Les femmes n'aiment pas trop à approfondir la question, elles se laissent ordinairement convaincre par le premier argument, par une toilette bien soignée, qui leur en dit toujours plus que le tailleur ne s'était proposé. Et puis, ce n'est pas seulement dans le monde galant qu'un habit bien coupé peut avoir du succès, par tout ailleurs un homme bien habillé est en bon chemin pour réussir. D'après ton habillement on juge de tes moyens, de ta position sociale, de ton talent, si tu as une profession, en un mot, c'est ton tailleur qui te procure un bon accueil dans les maisons, un salut grâcieux dans les rues, du respect et de la considération dans la société. Si nous avons un habile tailleur, ménageons-le, n'épargnons pas les recommandations, flattons, caressons même, s'il le faut, car c'est l'arbitre de notre sort. Les bons tailleurs sont très-rares, M.r B., qui a compris toute l'importance de sa position, et qui connaît fort bien ce que c'est que de couper une étoffe, m'en a assuré. « — Croyez M.r, me disait-il, qu'il n'y a pas de bons tailleurs; ceux que l'on dit habiles, sont les moins ignorans : moi, qui étudie (remarque bien cela) moi, qui étudie depuis trente ans, et qui suis le premier tailleur de Paris, je m'apperçois qu'il m'en faut encore beaucoup pour atteindre à ce dégré de perfection, auquel on pourrait parvenir, si la vie de l'homme n'était pas si courte — ». Ah, mon ami ! Que nous sommes malheureux de ne savoir pas vivre des siècles ! Le tailleur par le pouvoir de son art, parviendrait peut-être à faire d'un sexagénaire un dandy, et d'un vieillard mourant un homme à la mode !

Le commis vint nous apporter la réponse ; Charles se leva, et nous allions nous retirer, tout pleins de vénération pour ce M.ʳ B., lorsqu'il nous pria avec beaucoup de politesse de visiter son atelier, ou pour mieux dire, les salles d'exposition, car il m'arriva ici, à peu près la même chose qu'à la fabrique de porcelaines à Sèvres : on ne m'accorda pas de voir la fabrication, ni les ouvriers, ni les artistes qui y travaillent. Nous n'eûmes cependant pas garde de refuser l'offre de M.ʳ B. et nous nous disposâmes à le suivre. Il nous fit entrer d'abord dans un vaste salon rond, en voûte, où je remarquai, non sans quelque surprise, beaucoup d'ornemens d'architecture. Le tailleur, qui s'était aperçu de mon étonnement, me dit de l'air le plus froid. «— C'était autrefois le salon d'un grand seigneur de la cour, maintenant c'est le mien — ». On voyait dans ce salon des paletots, des rédingotes, des habits et des pantalons suspendus à des porte-manteaux, qui traçaient en bel ordre la ligne ronde des parois :

« — Que signifient ces habits ? demandai-je.

— Ce sont, me répondit-il, des modèles, où mes pratiques viennent choisir le genre de vêtement et la coupe qu'elles souhaitent — ». De là il nous fit tourner à gauche, et nous nous trouvâmes dans une belle pièce carrée, où l'on voyait, dans une espèce de grandes armoires vitrées qui couvraient les parois, toutes les plus belles étoffes de la saison, déployées de façon, que la pratique peut facilement les voir et choisir celle qui lui convient le plus. Nous passâmes ensuite dans une autre espèce de magasin, où l'on ne voyait que des paquets de draps encore dans leurs enveloppes, disposés, suivant leurs différentes qualités, dans des rayons qui entouraient la chambre.

« — Si je n'étais pas à Paris, me dit

alors mon ami, en se penchant à mon oreille, je te jure que j'en serais étonné.

— Dis plutôt si ce n'était pas M.ʳ B., répondis-je — ».

Le tailleur, qui s'était alors avancé jusqu'au bout de la chambre, prit un grand livre qui était sur la cheminée, et en le plaçant sur une table au milieu de la pièce, nous dit avec toute la modestie que nous avons déjà admirée en lui: « — Je ne suis pas seulement habile tailleur, je suis aussi maître de......(Je croyais qu'il allait dire de la science) de l'art, dit-il enfin, et ce livre va vous le prouver — ». Je m'approchai de son livre avec une très-grande curiosité, et j'y vis, en tournant progressivement les feuillets, un nombre infini de figures d'hommes, dont les tailles différentes étaient plus ou moins bien prises; on y voyait en outre des corps fluets, trapus, bossus, courbés, mais tous fort bien habillés, portant à côté les proportions qu'il faut garder dans l'habillement de chacun en particulier. Il me fit remarquer ensuite les dessins de toute sorte de gilets, de toutes les modes présentes, passées et à venir. « — A quoi ce beau recueil de gilets? demanda mon ami Charles — ». Bon! répondit le tailleur comme surpris de l'ignorance de Charles; ça nous a servi, et ça nous sert pour la coupe des gilets, qui est la partie de l'habillement de l'homme la plus difficile. Quant aux dessins sur les modes futures, ce n'est qu'une prévoyance utile, qui, pour l'exécution, me met en état de marcher toujours le second, quand je ne pourrai pas être le premier, parce que, quelque invention que l'on puisse faire, il ne sera pas trop facile à mes confrères de sortir des dessins que j'ai su inventer. — La proposition me parut un peu hardie, mais feignant de l'approuver, je haussai la tête et je regardai attentivement M.$^r$ B., puis soulevant le bras droit, et avançant l'index, je m'écriai d'un air de gravité imposante. « — Voilà ce que l'on appelle génie — ». M.$^r$ B. inclina la tête, et un petit silence suivit mon exclamation inspirée. Nous remerciâmes ensuite le génie-tailleur de sa complaisance, nous lui fîmes compliment sur tout ce que nous venions de voir, et nous nous quittâmes fort satisfaits l'un de l'autre.

Dès que nous fûmes dans la rue, nous nous acheminâmes vers les boulevarts, tournâmes à droite, et gagnâmes la place qu'occupaient autrefois les fortifications de la Bastille. C'est là où l'on éleva le monument dit la Colonne de Juillet, pour éterniser la mémoire des journées 27, 28 et 29 juillet 1830. Cette colonne entièrement en bronze de la hauteur de 50 mètres et demi, tout compris, pèse 174,000 kilogrammes. Ses ornemens rappellent les faits, auxquels elle a été consacrée, et les noms de 504 citoyens, qui y périrent, sont gravés par ordre alphabétique sur son fût, qui s'élève majestueusement avec son piédestal sur deux soubassemens en marbre blanc. Une élégante grille en fonte de fer, fort estimée par les connaisseurs, entoure le monument, et une petite porte en bronze ciselé, donne accès à l'escalier conduisant au sommet de la colonne. Deux cent cinq marches, entre deux rampes en bronze, assez larges pour que deux personnes à côté l'une de l'autre puissent y monter ensemble, nous amenèrent à une balustrade à jour qui couronne le chapiteau : une lanterne surmontée d'une statue représentant le Génie de la liberté termine agréablement l'aspect général de la colonne. De là on découvre le plus magnifique panorama qu'il soit possible d'imaginer : tous les monumens de Paris, la Seine, le Jardin des Plantes, Vincennes, le Père-Lachaise, Montmartre, Saint-Denis etc, se présentent aux yeux étonnés de l'observateur, en faisant un beau cercle autour de lui. Je me sentais si aise sur cette colonne, à la vue de ce spectacle magnifique, que je ne faisais presque aucune attention au vent très-fort, qui aurait emporté dès le premier moment mon chapeau et celui de mon ami, si nous n'avions pas pris tout de suite la précaution d'y porter nos mains, et de les tenir collés sur nos têtes. Cependant je fus presque aussitôt tiré de mon admiration par un autre spectacle, qui ne me frappa pas moins que le premier : je crus m'appercevoir que la colonne n'était pas immobile. Je pris d'abord cela pour une illusion, mais l'ondulation en était si sensible, qu'il ne fallait que deux yeux pour se convaincre que l'on ne se trompait pas. Mon ami avait fait la même remarque, et, avant que j'eusse ouvert la bouche pour lui en parler, il m'en témoigna sa surprise. Je questionnai là-dessus un Parisien, qui se trouvait à la balustrade, et il me répondit, que d'autres avant nous avaient déjà fait la même observation, laquelle ne peut plus échapper dès qu'il fait beaucoup de vent. — Nous y restâmes quelque tems encore pour savourer tout à notre aise les fortes sensations que produisaient sur nous la vue de ce beau panorama, le vent qui sifflait horriblement dans la lanterne, et le branle de la colonne : nous descendîmes ensuite, en comparant ce monument avec celui de la place Vendôme. Il paraît exister beaucoup d'analogie entre ces deux colonnes ; la différence pourtant est grande, si l'on veut considérer que la colonne Vendôme est en pierre revêtue de bronze, tandis que celle-ci, y compris l'escalier et toute la charpente, ne se compose que de grandes pièces en bronze arrangées les unes sur les autres, sans le moindre travail de maçonnerie. En sortant, nous trouvâmes que le vent soufflait presque aussi fort en bas, qu'en haut. Charles voulait renoncer à ce qui restait de notre promenade, mais à ma prière il consentit de la continuer, et nous fûmes peu de tems après à l'Hospice des Quinze-vingts.

Ce local est assez vaste, et destiné à recevoir les malheureux qui perdirent la vue, ou les aveugles-nés. Ils ont chacun une vaste chambre, et quelquefois deux, où ils vivent avec leurs femmes et leurs enfans, s'ils en ont. Ils sont libres de sortir, pourvu qu'ils soient rentrés à certaine heure du soir, et peuvent exercer chacun à son profit leurs talents et leur industrie. Le local fourni à chacun, homme ou femme, un habillement complet tous les deux ans, et 20 sous deux centimes de France par jour. Les femmes des aveugles, lesquelles jouissent de leur vue, n'ont que 6 sous par jour, leurs enfans ont trois sous, mais dès que ceux-ci ont atteint l'âge de 14 ans, la direction les place quelque part, et ils n'ont plus aucun droit à la pension. Je visitai plusieurs chambres, et j'eus lieu d'admirer l'industrie de ces pauvres gens. Un entre autres, qui était peut-être serrurier avant son malheur, me montra un ouvrage, qui lui a coûté 3 ans de travail, et toute la patience dont un aveugle peut être capable. C'était une espèce de façade, qui pourrait servir d'entrée à la cour d'un riche palais en miniature. Les grilles, divisées par de jolis piliers, ou colonnes de bois, étaient toutes en fer, et présentaient une précision de travail, un ordre, et des proportions qui me ravirent. Mais tout cela n'est rien, quand on le compare aux travaux d'un aveugle-né, que je ne veux pas oublier. C'est un homme d'environ 55 ans, proprement habillé et d'une humeur très-gaie. Quand nous entrâmes, précédés du concierge, nous le trouvâmes qu'il s'occupait à raccommoder son clavecin, auquel il avait enlevé quelques touches. Je le priai de continuer son travail;

il y consentit, et le piano fut bientôt en état de répondre à la main habile de son maître. Il nous joua quelques morceaux, mais ce fut surtout dans l'exécution de deux valses de sa composition qu'il déploya toute son habileté. Je lui fis quelques éloges qu'il parut recevoir avec beaucoup de plaisir, et d'après quelques questions que j'adressai au concierge, j'appris qu'il est le maître de chapelle des aveugles, qu'à cause de cette charge il a 200 francs de plus par an, et que l'administration de l'Hospice fait un grand cas du talent de cet homme. Il nous pria ensuite de nous asseoir à une petite table qui se trouvait dans la chambre, et moyennant une petite machine en bois de sa composition, qu'il se fit apporter par une femme qui le sert, il nous dit les noms de tous les jours sur lesquels on le questionna, le quantième des mois de l'année courante, des années passées, et il aurait bien su me dire ceux des années à venir si j'avais pu les connaître pour les lui demander. Il appelait cette machine son calendrier perpétuel, mais ce calendrier lui est maintenant devenu inutile, car il a su par ses calculs s'en faire un des articulations de sa main, et il répondit à mes questions par ce second moyen, avec autant de promptitude et de précision, qu'il avait répondu moyennant sa machine en bois. J'admirai dans sa chambre quelques livres, qu'il a composés et imprimés lui même à l'usage des aveugles : il me montra plusieurs travaux en bois, les uns plus beaux que les autres, il joua aux cartes avec nous, et m'apprit quelques jeux qu'il a inventés pour s'amuser avec les autres malheureux de l'Hospice ; enfin je vis tant de choses, qu'en sortant, je bénissais la nature qui, par la finesse du toucher, et par la subtilité de l'esprit, a su presque entièrement dédommager cet homme de la vue, qu'elle lui a refusée.

Le Père-Lachaise.

Je trouvai ce matin mon pauvre Charles fort triste. Il ne doutait pas qu'il n'aurait reçu aujourd'hui des nouvelles de sa famille, mais malgré ses espérances les nouvelles n'arrivèrent pas, et ce retard, disait-il, le jette dans un horribile embarras. Je n'osais presque pas lui dire s'il voulait faire quelque course avec moi, mais réfléchissant que cela aurait pu le distraire, à tout hasard, je lui en fis la proposition. Il réfléchit un instant, et puis il me dit qu'il y consentait, mais à condition que je lui aurais laissé le choix de la course.

« — Tu n'as qu'à choisir, lui dis-je : quelle que soit la visite que tu me proposeras, je te suivrai.

— J'ai besoin d'émotions, continua mon ami, et une visite au Père-Lachaise me semble convenir à mon humeur: c'est peut-être le seul moyen de dissiper les pensées tristes qui m'assiègent — ».

C'était une visite à faire, et autant valait faire celle-ci, qu'une autre; je consentis.

Le Père-Lachaise est une petite ville à part, une adjonction à la grande capitale; c'est un petit Paris habité par des gens, qui ne pourraient plus tenir dans le grand, destiné pour les aristocrates, ou pour les riches, sauf toujours aux arrondissemens environnans d'y avoir leur place. C'est un enclos de 84 arpens, situé sur le versant et sur le sommet d'une colline qui domine la capitale, une curiosité que chaque voyageur s'empresse d'aller voir, que l'on admire, et qui fournit le sujet de méditations graves et sérieuses, si l'on a l'envie d'en faire; enfin un cimetière qui compte 32 ou 33 mille tombeaux, mausolées, pierres tumulaires, rangés avec ordre, parmi lesquels s'ouvrent de spacieuses allées à perte de vue, presque toutes plantées de cyprès, de pins ou de hauts peupliers. Pour moi, qui voyais pour la première fois telle sorte de cimetières, j'en fus étonné, et je sus presque bon gré à la piété des vivans, qui, tout en embellissant, agrandissant et fortifiant leur demeure, n'oublient pas celle de leur trépassés. La main pieuse de ceux qui gardent un doux souvenir des personnes qui leur furent chères et qui ne sont plus, est empreinte par tout. Des vers que l'on lit, par-ci par-là, attestent combien on fut sensible à la séparation des objets renfermés dans quelques uns de ces tombeaux: les fleurs cultivées avec soin dans les petits carrés qui appartiennent aux différentes familles, les couronnes d'immortelle que l'on a soin de renouveler à chaque instant, et des petits cadeaux tout particuliers, que l'amitié y dépose avec toutes les précautions possibles pour les défendre contre la voracité du tems, prouvent assez clairement que toute affection ne fut pas éteinte avec la vie des amis qui l'ont inspirée.

La rue de la Roquette, qui aboutit au Père-Lachaise, dans laquelle on rencontre à chaque pas un débit de couronnes d'immortelle, ou un magasin de pierres sépulcrales, de mausolées, de vases funéraires exposés en vente, nous avait déjà disposés aux sentimens paisibles, tristes et doux à la fois, que nous aurait inspirés le cimetière. Nous y entrâmes donc silencieux, et en proie aux réflexions que notre humeur, ou notre position, nous inspirait à chacun en particulier. Après avoir promené quelque instant la vue sur la partie de l'enceinte qui s'offrait à nos regards, nous approchâmes d'un petit carré-long qui recèle les restes d'une jeune épouse, et nous y lûmes ces paroles. « — La mort nous a séparés; la mort nous réunira — ». On y voit sous verre, parmi des fleurs soigneusement cultivées, le masque moulé de la défunte qui porte ces deux mots « — Elle dort — ». Nous le considérâmes quelque tems en silence, Charles et moi, puis, soulevant presque en même tems la tête, nous nous entre-regardâmes sans mot dire, et nous nous aperçûmes que nos cœurs étaient pénétrés des mêmes sentimens de tendresse et de pitié.

« — Quel contraste, dit enfin Charles, entre le silence de cet enclos, et le bruit de la grande ville, entre ces modestes habitations des morts, et les hôtels amples et magnifiques des vivans !

— Cependant, dis-je alors à mon tour, tous ces Parisiens pleins de santé, distingués par leurs titres, par leurs richesses, par leurs mérites, avant que ce siècle soit passé, tous auront peut-être déjà pris leur place dans cette silencieuse demeure !

— Quelle idée horrible, poursuivit Charles, quelle idée horrible pour ceux que nous appelons heureux, et qui ne songent qu'à la vie ! mais en revanche, quelle idée consolante pour tous ceux qui souffrent ! Le poids de la vie serait trop lourd pour eux, s'ils ne songeaient pas que tôt ou tard ils déposeront ce fardeau pour se reposer dans la paix du sépulcre ! — »

J'allais de tombeau en tombeau en recueillant, en savourant, pour ainsi dire, ces émotions, dont un cœur tendre et religieux est toujours si avide. C'était un ami qui disait *adieu* pour toujours à son ami, c'étaient des enfans qui regrettaient un père chéri, ou un tendre père qui se désolait de la perte de son fils unique, ou bien une mère encore plus tendre qui, n'ayant pu survivre à sa fille, vint prendre sa place à côté d'elle, en faisant graver sur le même tombeau. « — J'ai rejoint ma fille — ». Mon ami en s'écartant de moi, passa par hasard devant le mausolée d'un jeune homme mort à 24 ans : la conformité de leurs âges l'arrêta : je le voyais, les mains plongées dans les poches de son pantalon, regardant de côté la pierre sépulcrale, et souriant à demi : il paraissait se consoler en disant : « — Tiens, on peut mourir à 24 ans — ». J'allai le rejoindre, et il me lut à haute voix les paroles que l'on y avait gravées. « — Pauvre jeune ami, si digne du regrets, attendant le grand jour de réveil qui doit nous réunir, dors dans la paix du

Seigneur que tu as souhaitée. — Il ne souffre plus lui, continua-t-il, il n'est plus en butte aux caprices de la fortune; je ne saurais pas dire si c'est de l'envie qu'il m'inspire, ou de la pitié — ». J'entraînai mon ami vers le sommet de la colline pour l'arracher à une émotion, qui me paraissait un peu trop forte. Nous rôdâmes long tems sans aucun ordre dans la foule de ces illustres trépassés, en admirant leurs tombeaux, en lisant leurs inscriptions, et faisant par tout quelque réflexion triste ou morale. Nous considérâmes quelques instans la magnificence du mausolée de madame Demidoff, nous visitâmes ceux des maréchaux Masséna, Davoust, Foy, et de tant d'autres, et nous nous arrêtâmes enfin long tems devant celui du maréchal Ney, ou, pour mieux dire, devant l'emplacement, où s'élèverait le monument de ce grand général, si le gouvernement l'eût cru digne d'en avoir un. Mais qu'aurait-il fait graver sur le monument de cet homme? Qu'il termina sa glorieuse carrière au Luxembourg fusillé par des soldats qu'il commanda, ou qui auraient été glorieux d'être commandés par lui? Que, fidèle à l'illustre malheureux qui revenait de l'Ile d'Elbe, il faussa le serment qu'il avait prêté à son roi légitime Louis XVIII? Le gouvernement reçut dans le cimetière le défunt, mais il défendit d'élever un monument à l'homme qui avait trahi sa foi. La tombe du général n'est qu'une petite barrière en fer, qui pourra bien compter six mètres de longueur sur quatre de largeur; huit pins, qui s'élèvent tout autour, protègent de leur ombre le gazon frais, qui couvre les restes du grand homme, et rien ne rappellerait son souvenir, si ce n'étaient pas les admirateurs de son mérite, qui ont gravé par tout sur les barreaux le nom de Ney, en y accrochant quelque couronne d'immortelle. Charles entra dans le carré, se recueillit dans un coin, et, croisant les bras sur sa poitrine, il ouvrait de grands yeux; il paraissait que la simplicité de ce tombeau, contrastant avec la richesse des autres, et avec la gloire du général, eût fortement ému son cœur. Je respectai la rêverie dans laquelle je le voyais plongé; plus, jugeant qu'il eût trouvé quelqu'une de ces émotions fortes qu'il cherchait, j'allai faire mes réflexions ailleurs. Il vint me chercher une demi-heure après ; nous parcourûmes ensemble une belle allée plantée d'arbres, et gagnâmes, pas loin de là, un circuit, qui paraît avoir été destiné aux grands hommes qui se distinguèrent par leur esprit et par leur talent. Nous lûmes avec respect les noms fameux de La-Fontaine, de Molière, de Talma, et ceux de tant d'autres, dont les flambeaux qui éclairèrent la France, ne s'éteignirent pas avec leur vie. Nous allions descendre vers notre gauche, lorsque mon ami, comme frappé d'un coup imprévu, s'écria : Bellini. Le pauvre garçon aime éperdument la musique ; il est assez fort sur le piano, et il a même composé quelque chose qui lui fit de l'honneur en France. Ainsi, il faut lui pardonner encore une fois, s'il resta long tems immobile devant le mausolée de notre célèbre Sicilien. Tandis qu'il se livrait ainsi à ses rêveries, je fis le tour du monument, qui me parut dans sa simplicité assez beau. On voit sur le devant, taillé en pierre, le Génie de la musique, qui, la tête penchée sur sa poitrine, se couvrant de ses grandes ailes, semble pleurer la perte du grand maître. Les noms, *Pirata, Norma, Puritani, Straniera* etc., sont gravés sur les côtés et sur le dos du monument, qui se termine avec le buste de l'auteur.

" — Qui aurait dit à ce pauvre Bellini, dit enfin mon ami en balançant doucement sa tête, qu'il serait mort si jeune, et loin de sa patrie ? Qui lui aurait dit, qu'il serait venu habiter ce même cimetière, qu'il aura sans doute vu et admiré avant d'aller à Puteau ?

— Et qui est-ce qui aurait dit, l'interrompis-je à mon tour, à la Malibran lorsqu'elle passait le détroit de Calais, qu'elle n'aurait plus revu l'Italie ni la France ?..... Et qui pourrait nous assurer à nous mêmes, que nous quitterons notre dépouille mortelle dans un cercle d'amis et de parens dans notre patrie ?

— Oh, mon Dieu ! s'écria Charles, oh, mon Dieu ! — » et il se couvrit la figure de ses deux mains. Ses idées tristes étaient revenues, et il me paraissait souffrir violemment. Je saisis une de ses mains, et je l'entraînai loin de là, en lui répétant tout ce que l'amitié me suggérait, pour le persuader que sa position aurait bientôt changé, et qu'il aurait été heureux.

Nous descendîmes le versant de la colline, en suivant un petit chemin qui se trouvait à notre gauche. Un grand peuplier, qui s'élève au-dessus de tous les autres, et qui nous avait été indiqué d'en haut, nous servait de guide. C'est là, qu'on voit le tombeau des deux malheureux immortels Héloïse et Abélard, que nous avions gardé pour notre dernière visite.

« — C'est dommage que tu ne sois pas amoureux, me dit Charles. Ce mausolée n'aura pour toi qu'un langage bien faible ; son langage ne peut être entièrement compris que par ceux, que l'amour retient dans ses chaînes. Les amans ont seuls le droit d'approcher de ce monument : heureux, ils y trouvent un surcroît de jouissance et de bonheur, que les profanes ne sauraient comprendre ; malheureux, ils y puisent des consolations si douces, que l'amitié même la plus tendre ne saurait leur procurer — ».

En parlant de la sorte, il franchit la petite barrière en bois qui entoure le monument, et s'élança au milieu. Ce tombeau, qui fut transporté au Père-Lachaise à l'époque de sa construction, date du douzième siècle. Trois ou quatre marches, et un soubassement carré-long, de quelques pieds de hauteur, en forment la base. Quatre piliers et douze petites colonnes en marbre blanc supportent un dôme gothique assez beau. Le cercueil en occupe le centre, et les deux images sculptées d'Héloïse et Abélard étendues de leur long, en forment la partie supérieure. Charles, après avoir écarté les couronnes d'immortelle, que les amans viennent constamment déposer sur les deux figures en marbre, s'était penché sur elles, et s'y tenait immobile, absorbé dans ses rêveries. Deux jolies dames, que le hasard peut-être y avait amenées, le voyant dans cette attitude, arrêtèrent leur marche, elles le considérèrent quelque tems, en se chuchotant par instant quelques mots que je ne pouvais pas comprendre, puis elles tournèrent vers moi la tête en souriant et d'un air qui paraissait dire : « — Ne dérangeons pas le pauvre jeune homme — ». Elles s'éloignèrent sans que mon ami s'en aperçut. Je m'approchai alors en silence du cercueil, et, après avoir pris ma part d'émotion, après avoir goûté tous les sentimens que les aventures d'Héloïse et Abélard pouvaient m'inspirer sur leur tombeau, je remis les couronnes d'immortelle à leur place, et je fis remarquer à Charles qu'il était déjà bien tard, et qu'il fallait nous retirer. Il me suivit sans mot dire, et je quittai le Père-Lachaise fort satisfait de ma visite, avec la consolation de voir un peu de calme rentré dans l'esprit de mon ami. A la vérité il n'était pas moins triste que le matin, mais sa tristesse était plus douce et plus paisible.

Rencontre de la Turinaise à Paris — Promenade aux Tuileries, aux Champs-Elysées, à l'Arc de triomphe de l'Etoile.

Nous sommes si habitués à lire dans les romans, des aventures, des combinaisons, des rencontres étonnantes, que, dès que nous entendons, ou dès que nous lisons, n'importe dans quel livre, quelque accident, pour peu qu'il ait de l'extraordinaire, nous nous disons aussitôt : C'est un roman. On a tellement abusé de notre crédulité, et on nous a rendus en conséquence si méfians, que ordinairement on n'ajoute plus foi à la vérité, qu'après avoir vu et touché. Une rencontre de la nature de celles dont je viens de parler, est la rencontre que je fis, il y a quelques jours : et je te la mande à tout risque et péril, dans la persuasion, que, quand même tu te dirais, après l'avoir lue. «— C'est un roman — », tu me saurais bon gré d'en avoir inventé un pour ton amusement.

Il était près de 4 heures; je flânais, il y a une semaine, sur les boulevarts, en attendant l'heure du dîner. J'étais avec quelques personnes de ma connaissance, et nous nous arrêtions de tems en tems devant ces boutiques, dont les étalages riches et curieux nous paraissaient plus dignes de notre attention. Nous étions devant un de ces magasins dits de Spécialités, lorsque j'en vis sortir une dame, dont la toilette assez recherchée attira mes regards. Elle ne pouvait pas s'empêcher de me voir, mais, dès qu'elle m'eut envisagé, elle se rétrécit, se serra dans son grand chall, et continua son chemin. Tout cela se fit avec tant de rapidité, qu'il me fut impossible de démêler ses traits qui, encadrés dans un chapeau rose, ne firent que se montrer, et disparaître à mes yeux comme un éclair. Cependant le peu que j'avais vu, sans presque savoir pourquoi, me frappa, et considérant plus attentivement sa taille, sa tournure et son port, je crus apercevoir en elle une personne que j'avais vue quelque part. J'aurais bien voulu m'en éclaircir, mais la crainte de me donner l'air d'un coureur de dames, en quittant mes compagnons pour la suivre, me retint.

Je me creusais en attendant la cervelle, pour me rappeler où je pouvais avoir vu cette dame, mais impossible. Nous nous acheminâmes quelques minutes après vers notre restaurant, et je ne songeai plus à cette apparition. Trois jours après, on donnait aux Italiens, *i Puritani;* l'envie d'entendre trois célébrités théâtrales réunies: la Grisi, Tamburini et Lablache, m'y amena.

Après la fin du premier acte, je me levai, comme cela arrive bien souvent à tous ceux qui veulent se reposer d'avoir été long tems assis sans jamais quitter leur place, je tournai le dos au théâtre, et je m'amusais à regarder, l'une après l'autre, les toilettes des dames, qui s'offraient à ma vue dans les galeries. Lorsque tout à coup, arrêtant mes regards sur une dame qui était vis-à--vis de moi, je reconnus celle que je n'avais fait qu'entrevoir sur les boulevarts. Elle ne pouvait pas m'échapper alors ; elle était là, devant moi, qui la regardais, et tout à mon aise encore, car il n'y avait pas même le chapeau rose, qui eût pu me dérober le moindre de ses traits, ou altérer le moins du monde le contour de son visage. Je la fixais en ouvrant de grands yeux, car il me paraissait impossible que ce fût elle ; mais je n'eus pas besoin de la considérer long tems pour me convaincre que je ne me trompais pas, que c'était elle même, la dame turinaise, dont je t'ai mandé l'histoire. Qui m'aurait dit, qu'après avoir entièrement renoncé à l'espérance de la voir, je l'aurais rencontrée à des centaines de lieues de Turin ?

Pourtant toute impossibilité devait cesser, dès que cela était arrivé. Après quelques instans de surprise, je songeai aussitôt au moyen de l'entretenir. Comment y parvenir? Elle m'évitait, il n'y avait plus de doute après la scène qu'elle me joua à la poste de Turin: d'ailleurs un M.ʳ et une dame, qui étaient à ses côtés, et qui lui adressaient assez souvent la parole, me disaient clairement qu'elle n'était pas seule. Je brûlais d'impatience que le spectacle fût fini pour aller l'attendre dans le foyer. Je me retournai à l'instant même, et je pris toutes mes précautions pour qu'elle ne s'apperçût pas de ma présence, de crainte qu'elle ne trouvât encore le moyen de tromper ma poursuite. Le spectacle fini, j'allai me poster à l'entrée de l'escalier, en me disant: « — Il faudra bien, si elle veut sortir, qu'elle passe par ici — ». On ne me fit pas attendre long tems: elle parut donnant le bras à la dame avec laquelle je venais de la voir causer; le M.ʳ les suivait. Elle me vit, et ne put s'empêcher de laisser paraître un petit mouvement de surprise. Je la saluai, mais elle feignit de ne pas s'en apercevoir. Cela ne m'étonna pas, car je m'y attendais, et bien loin de me laisser rebuter par des manières si peu flatteuses, je la suivis, comme tu le penses bien. Heureusement il faisait beau, chose un peu rare à Paris, ainsi elle ne songea pas à se jeter dans un cabriolet, ce qui me laissa voir quelque apparence de pouvoir enfin lui parler.

Que penses-tu de ma conduite, mon ami ? Tu prendras sans doute tout cela pour de la galanterie, et tu diras que je suis bien obstiné à la poursuite d'une femme. Du tout, mon ami, du tout ; son changement à mon égard avait été trop rapide, trop original, trop grand, pour qu'il n'excitât pas en moi l'envie d'en connaître la cause. Je dirai même, que, sentant toujours irriter en moi ce sentiment, qui du reste me paraît très--juste, par les obstacles qu'elle y opposait, j'avais résolu de tout tenter pour parvenir au but que je m'étais proposé. Les deux dames avec leur compagnon traversèrent la rue des Petits-Champs, gagnèrent la rue de...... et allèrent s'arrêter devant une maison de quelque apparence, qui, à ma grande satisfaction, m'eut l'air d'un hôtel garni. J'étais trop loin pour entendre leurs discours, mais après quelques minutes d'attente, la porte, qui était fermée, s'ouvrit, et l'on se sépara, laissant l'objet de mes recherches entrer seul dans la maison. Je m'approchai alors, je remarquai bien l'hôtel, et je m'en allai ensuite très--satisfait, en me promettant bien d'y revenir le lendemain, à l'heure que j'aurais jugée plus propre pour cette visite. Le lendemain paraît, j'attends avec impatience midi; cette heure venue, je me présente sans hésiter au concierge, et je lui dis d'un air d'assurance. « — La dame turinaise qui demeure ici, serait--elle par hasard chez elle? — »

Il mit quelques secondes à répondre, ce qui me fit juger que l'on s'était mis en garde contre moi, puis il me dit:

« — Mais je ne sais pas: si vous voulez bien attendre un instant, j'irai voir: votre nom, M.r, s'il vous plait?

— Il est inutile que je vous dise mon nom, répondis-je, parce qu'elle ne le connaît pas : dites-lui seulement que j'arrive de Turin, et que j'ai des choses de la dernière importance à lui communiquer — ». Cette petite ruse réussit, et mon homme vint un moment après me dire que je pouvais monter. L'envie que j'avais de me trouver en face de cette dame singulière, me fit oublier d'essuyer mes pieds dans le paillasson qui était à côté de l'escalier. C'est un crime à Paris que d'oublier cette précaution, et les portiers vous en tiennent compte, surtout quand il fait un aussi mauvais tems que celui d'alors. Les maisons à Paris sont d'une propreté désespérante : les planchers des chambres, parquetés, ou en petites briques octogones couvertes d'un vernis rouge foncé, sont soigneusement cirés tous les matins, de même que les escaliers, qui sont ordinairement en bois, mais si polis, si luisans, qu'un meuble de ménage qui sort des mains du menuisier ne saurait l'être davantage. Le soin des escaliers pour le moins est toujours confié aux concierges; ainsi mon portier, voyant gâter son ouvrage, qui lui avait peut-être coûté quelques heures de travail, fit un geste, auquel je ne pus m'empêcher de rire. Voyant que je prenais la chose comiquement, il s'écria, en levant ses bras au ciel. « — Comment, M.r, vous avez le courage de marcher par dessus un escalier tel que celui-là, avec des bottes aussi crottées que ça! — » A cette exclamation dramatique j'éclatai de rire, et je continuai mon chemin. Arrivé à la porte de ma dame, je sentis que mon cœur battait. J'en fus étonné moi-même, mais cela ne m'arrêta pas. Je tire la sonnette, et voilà madame elle-même qui vient m'ouvrir. Elle fut surprise en me voyant: la bonne femme ne me croyait peut-être pas assez hardi pour m'introduire chez elle par une ruse. J'entre malgré sa surprise, je pousse la porte derrière moi qui se ferme au ressort, et je lui dis: « — M.me, j'ai peut-être tort de poursuivre ainsi une personne qui s'obstine à me fuir, mais vous m'accorderez, M.me, qu'après vous avoir vue aussi bonne, aussi complaisante que vous l'avez été à mon égard, on ne peut pas supporter un tel changement avec indifférence. Il faut que quelqu'un m'ait noirci dans votre esprit; je ne sais pas comment, ni qui peut l'avoir fait dans un pays, où je ne connais que bien peu de personnes. Mais quoi qu'il en soit, si c'est une tache que l'on a fait à mon nom, je manquerais à ce qu'un homme d'honneur se doit à lui-même, si je négligeais de la laver.

— Vous vous trompez, M.$^r$, murmura la dame en baissant la figure, dont la couleur était plus que de l'incarnat. Vous avez tort de penser ainsi — », et en disant ces paroles elle me fit signe d'entrer dans un petit cabinet qui était tout près de l'antichambre.

« — Si j'ai tort, repris-je alors, tant mieux, mais vous avouerez au moins qu'il y a là-dessous quelque mystère, car il me serait impossible de supposer que vous en agissiez ainsi sans une raison — ».

A ces paroles elle releva la tête, et dit :

« — Mais! Si j'en avais une, M.$^r$ ? — »

Elle prononça ces mots d'un air si

ferme, qu'elle pensa me déconcerter. Je fis néanmoins bonne contenance, et je continuai :

« — Alors je vous prierai de me la dire cette raison, car cela me blessse, et plus que vous ne pouvez le penser.

— Impossible ! M.$^r$, Impossible !

— Et pourquoi me la cacherez-vous, M.$^{me}$? ajoutai-je d'un air humble et suppliant. Pourquoi ferez-vous tant de peine par votre silence à un jeune homme qui n'a jamais eu pour vous que de l'estime et de l'amitié ? Vous qui êtes si bonne, et qui deviez être un de mes souvenirs les plus chers ! — »

Elle parut émue à ces paroles, et changeant tout à coup de ton, elle s'écria :

« —Oh! ne me demandez pas cela, M.$^r$! Ne me demandez pas cela ! je ne pourrais vous rien dire.

— Oh! parlez, je vous en prie, je vous en conjure pour tout ce qu'il y a de plus cher pour vous, ne me laissez pas ce mystère sur le cœur; il me pèse trop.

— Oh, mon Dieu ! s'écria-t-elle encore, en se couvrant le visage de ses deux mains. Oh, mon Dieu!..... — "

Il y eut un moment de silence; après elle continua:

" — Impossible! impossible! Ça doit toujours être un mystère pour vous! Ne démentez pas cette bonté et cette politesse, que j'ai toujours reconnues en vous; n'insistez pas, M.$^r$, je vous en supplie, n'insistez pas — ".

Il me vint alors une pensée, telle qu'elle serait venue à tout homme qui n'est pas tout-à-fait dépourvu d'amour propre, il me vint la pensée, que ce pût être le commencement d'un amour, dont elle eût craint les conséquences. Cependant je n'en étais pas sûr, car je songeais que ce pouvait bien être aussi un raffinement de coquetterie, une extravagance, une fantaisie de femme, ou, que sais-je moi? de sorte que tout cela demeura encore un mystère pour moi.

Je cessai néanmoins de la presser, et, attendant du tems ce que les prières n'avaient pu obtenir, je changeai de conversation. Je lui demandai par quel hasard elle se trouvait à Paris, et si elle comptait s'y arrêter long-tems. Elle n'hésita pas à répondre, qu'elle y était venue pour réaliser certains crédits qu'elle avait hérités de feu son mari, mais elle me parut un peu embarrassée, quand il s'agit de répondre à la seconde partie de ma question, et finit par me dire qu'elle n'en savait rien, vu que cela dépendait des circonstances. La conversation roula après sur différens sujets, tous pour moi plus intéressans les uns que les autres, car, oubliant peut-être ses projets, elle était devenue peu à peu plus aimable et plus caressante, qu'elle ne l'avait jamais été : j'aurais prolongé, je pense, notre causerie jusqu'au soir, si elle ne m'eût pas averti, qu'elle attendait du monde, et qu'elle aurait été fâchée de se laisser surprendre en tête à tête avec un jeune homme. Je me levai donc, et nous nous quittâmes après être convenus, que je serais revenu le lendemain à la même heure.

Que je suis heureux! — C'est sans doute ce que tu penses, n'est-ce pas? Doucement mon ami, doucement. Nous allons voir.

Le lendemain, à l'heure que madame m'avait marquée, j'étais là, en face de ce concierge qui m'avait tant amusé la veille, et qui, devinant peut-être mes rapports avec la dame, me dit d'un air de triomphe :

« — Madame vient de sortir — ».

Il prenait sa revanche le bourreau ; je ne saurais pas bien dire, s'il était plus satisfait du plaisir de voir ma mortification, ou de celui de voir son escalier échapper au danger qu'il aurait couru sous mes pas. Je fis une foule de réflexions, en m'en allant, dont le résultat fut, comme tu peux le penser, que, malgré tout cela, il ne fallait pas quitter la partie.

Comme j'allais chez elle 24 heures après, je la vis qu'elle tournait le coin de la rue Richelieu, dans celle des Petits-Champs, et s'avançait vers la rue Saint Roch. Je m'arrêtai aussitôt devant un magasin, et faisant semblant de ne l'avoir pas aperçue, je la laissai passer pour la suivre après. Elle alla, à ma grande satisfaction, vers les Tuileries. Je ne la perdis pas de vue : quand elle fut presque devant la porte du palais, je l'arrêtai.

« — Madame, lui dis-je, d'un air moitié piqué moitié goguenard, est-il permis à un de vos amis de vous souhaiter le bon jour ? — »

Elle rougit jusqu'au front, et quand je lui demandai où elle allait, elle me parut si embarrassée, que, ne voulant pas lui faire un tort plus grave, je crus qu'elle n'était sortie que pour éviter ma visite.

« — Vous sentez bien, M.$^{me}$, continuai-je, que j'aurais quelque reproche à vous faire — ».

Elle s'en excusa tant bien que mal, mais ses excuses ne laissèrent pas de me replonger dans toutes mes incertitudes. Je lui proposai alors de faire une promenade dans les jardins, elle refusa ; je lui dis quelque chose de tendre, elle hésita ; à la promesse que je lui fis sur ma parole d'honneur, que je n'aurais pas dit un mot du passé, elle consentit.

Oh ça ! Tu ne peux pas t'empêcher de dire que ma Turinaise est une femme singulière, un original, une extravagante même. J'en conviens...... Mais, ne serions-nous pas trop précipités dans nos jugemens ? Voyons donc un peu ; raisonnons. Supposons qu'elle soit amoureuse, passionnée pour la petite personne de M.r ton ami (c'est une supposition), après cela, supposons qu'elle ait de la vertu poussée jusqu'au scrupule, qu'en résulterait-il alors ? Qu'elle serait sous la domination de deux forces opposées, la passion et la religion. Or, quand elle est loin du danger, fidèle à la raison, elle n'est gouvernée que par la religion, mais quand le danger est là, quand les séductions viennent ; ce danger et ces séductions elle les trouverait dans la figure et dans les manières de M.r ton ami (c'est encore une supposition) : alors elle se laisse aller, et peu à peu, entraînée par la passion, elle pourrait...... Voilà ce qu'elle craignait peut-être, et ce que malheureusement on ne craint pas toujours !

Voilà la cause de cette inconséquence

de conduite, que l'on remarque parfois dans certaines personnes, qui, avec des principes religieux, ont un cœur tendre et passionné! L'homme qui aime la religion trouve dans son amour un grand appui contre ses passions, mais celles-ci ne laissent pas d'exercer sur lui une grande influence, car son cœur est doux et capable des sentimens les plus forts. Sous l'influence des passions, sans pourtant cesser d'être bien coupable, il baisse quelquefois ses sentimens jusqu'à des objets indignes et criminels; et sous l'influence de ses principes il les relève, dès que la raison vient, parce que le cœur qui s'était un instant égaré n'est pas comme les autres méchant par calcul. Ainsi avouons que nous sommes bien injustes lorsque nous traitons d'hypocrisie les actions de certaines gens, dont la conduite de la veille ne répond pas entièrement à celle du lendemain. Ils sont méprisables s'ils ont voulu leur chûte, ils sont dignes de compassion s'ils n'ont cédé que par faiblesse, mais épargnons leur ce titre odieux d'hypocrites, quand leurs discours ou leurs actions sont en rapport avec leur conscience.

Mais que cela soit dit en passant, et pour justifier l'inconséquence de ma Turinaise, si elle se trouvait dans le cas.

Elle prit donc mon bras et nous commençâmes dans les jardins des Tuileries une promenade d'étrangers, une promenade de véritables visiteurs. Nous nous approchâmes d'abord un peu plus du palais, pour nous mettre ainsi mieux à la portée d'embrasser, autant qu'il nous aurait été possible, d'un seul regard, ce vaste, ce magnifique jardin, que Louis XIV fit bâtir dans la double intention d'ajouter un nouvel ornement à son habitation royale, et d'offrir un agrément de plus à ce Parisien si raffiné dans ses goûts, et si recherché dans ses plaisirs. Nous admirâmes de là le beau parterre qui se développait devant nous dans toute la largeur du palais, la belle allée de milieu se prolongeant jusqu'au bout, coupée à quelque distance par un vaste bassin, où jaillissent les eaux de la Seine ; nous voyions le bosquet au-delà du parterre, et les terrasses, qui, environnant le jardin, et faisant ainsi disparaître la pente du sol vers la Seine, aboutissent en descendant sur un terrain uni, où l'on voit une belle pièce d'eau qui marque l'extrémité du jardin. L'ordre symétrique de ces lieux est loin de la monotonie, et leur grandeur ne gâte pas leur simplicité. Nous parcourûmes l'allée de milieu, en nous arrêtant de tems en tems devant les belles statues qui se trouvaient sur notre chemin, ou devant ces décors, qui nous paraissaient plus dignes de notre attention.

Ma dame, charmée de la manière dont je tenais la promesse que je lui avais faite de ne plus parler du passé, m'adressait de tems à autre quelques questions, me fesait des observations, toutes plus indifférentes les unes que les autres, mais elle y mettait tant de grâce, tant de douceur, que l'on aurait dit qu'elle voulait me récompenser de l'effort que me coûtait cette fidélité à ma parole.

En sortant du jardin, nous nous trouvâmes sur la place de la Concorde, terminée depuis peu de tems, et qui passe pour être une des plus belles de l'Europe.

L'étendue de cette place et sa magnificence, venant frapper tout à coup les yeux de ma compagne, qui s'y trouvait pour la première fois, lui arrachèrent un geste de surprise. Je lui fis remarquer la belle position de cette place ; à notre droite la colonnade de la Madelaine, à gauche celle de la chambre des députés, et devant nous la longue allée des Champs-Elysées, qui, tracée dans l'alignement et précisément de la largeur de celle que nous venions de parcourir, semble prolonger cette dernière jusqu'à l'Arc de triomphe de l'Etoile. Nous allâmes ensuite nous arrêter devant l'obélisque de Luxor d'une seule pièce de granit rose, qui s'élève au milieu de la place ; nous considérâmes sa hauteur, qui est de 72 pieds, et jugeâmes par là, combien il aura coûté de peines et d'argent pour être transporté en France et mis en place. Les hiéroglyphes, traçant les noms et les exploits de Rhamsès ou

Sésostris, nous retinrent quelque tems. Lassé d'admirer ce bel ornement, ou plutôt, craignant qu'il ne restât pas assez de tems pour faire la longue promenade que je me proposais, je conseillai à ma compagne de quitter l'obélisque pour faire le tour des deux vastes bassins qui le flanquent. L'eau y jaillit avec abondance, et retombe tout de suite après, en formant une espèce de dôme, qui, joint aux petits jets qui s'élèvent du bassin, produit un effet charmant. Malgré cela, nous ne nous y arrêtâmes que très-peu de tems; une pluie fine, et presque imperceptible, qui se détachait des bassins, et que le vent répandait à quelque distance, fut cause que nous nous en allâmes plus tôt que nous n'aurions voulu. Avant de quitter cette place cependant, voyant que ma Turinaise admirait la quantité des riches colonnes rostrales supportant des lanternes, que l'on y voit répandues avec ordre, je lui dis: « — Tout ce que vous admirez là, n'est rien si on le compare à l'effet que toutes ces lanternes produisent le soir, lorsque, brillantes de leur gaz allumé, répandent le jour sur la place, lorsque les deux allées éclairées de même par deux rangées de lanternes, présentent aux yeux éblouis de l'observateur l'effet de deux traînées de feu qui se perdent dans le lointain — ". En disant cela, j'entraînai ma compagne dans les Champs--Elysées pour y continuer sous les arbres une course, qui devenait à chaque instant plus intéressante. Cette promenade, plantée d'arbres en quinconce sur une longueur de plus de 1200 toises, est de la plus grande beauté. Ma compagne, étonnée de voir tantôt des gazons, tantôt de vastes salles de verdure, des restaurants, des cafés, et tant d'autres ornemens qui rendent ce lieu agréable, s'écria :

" — Que ces Parisiens sont heureux d'avoir une si belle promenade tout près du centre de la ville !

— Ce n'est pas la seule, madame, lui répondis-je, ils ont aussi, quoique un peu plus loin, le jardin de la Chaumière, le jardin des Plantes, et celui du Luxembourg. N'avez-vous pas vu, M.<sup>me</sup>, le jardin du Luxembourg ?

— Je n'ai encore rien vu, dit-elle, et je ne sais pas même si j'aurai le tems de voir.

— On s'aperçoit bien, continuai-je, que vous n'êtes à Paris que pour affaires. Ce serait pourtant dommage que vous partiez sans avoir vu ce jardin.

— Est-il bien beau ? demanda-t-elle.

— Pour moi, je le trouvai charmant, répondis-je. Tout y inspire le repos, la tranquillité et l'amour. En se promenant sous ces arbres touffus, d'un vert aimable, on est surpris d'y trouver un ordre, une propreté, un soin, que l'on ne croyait possible que dans le tableau d'un artiste, qui se fût proposé de peindre à sa fantaisie un lieu de délice. Si vous le voyiez, vous seriez enchantée du bon goût qui règne dans la disposition de ses avenues. Les branches des arbres qui les dessinent, sont coupées en ligne si droite, et avec tant d'art, qu'elles ne forment plus que deux parois de verdure s'élevant au-dessus de votre tête, à droite et à gauche. De là vous descendriez dans le beau parterre qui se déploie devant le palais; une belle pièce d'eau octogone, que vous verriez dans son centre, est toujours animée par des cygnes qui s'y balancent mollement : des ados et des gazons, entourés des plus belles fleurs, rendent cette scène pittoresque si suave, qu'il serait impossible d'en imaginer une meilleure. Mais si cela ne suffit pas pour ces heureux Parisiens, comme vous dites, ils ont encore, et précisément dans le centre de leur ville, le fameux Palais-Royal, où ils peuvent, les soirs d'été, et toujours quand il fait beau tems, se promener délicieusement dans un parallélogramme de 700 pieds de long sur 300 de large, orné d'arbres sur ses côtés, de gazons, de fleurs, et de statues au milieu. Les élégans portiques environnans, leur offrent un abri sûr contre la pluie, et la superbe, la vaste galerie d'Orléans, de 300 pieds de long, couverte d'une toiture vitrée, les défend contre l'air froid et humide. Ces beaux lieux, bien éclairés pendant le jour, resplendissans dans la nuit, sont toujours animés par une foule de promeneurs, et présentent à notre vue tout ce que le caprice, la vanité, le luxe peut imaginer. Quand on voudrait se borner à n'admirer l'industrie du Parisien que dans les parures en or, en pierreries, faux ou véritables, il y aurait encore de quoi entretenir un curieux des journées entières — ».

Ces discours, et tant d'autres, que je juge inutile de te rapporter, nous amenèrent devant l'Arc de triomphe de l'Etoile.

« — C'est Napoléon, n'est-ce pas ? qui fit élever ce monument ? demanda ma compagne.

— Napoléon, en effet, répondis-je, voulant éterniser la mémoire de ses conquêtes, décréta que l'on construisît à la barrière de l'Etoile un Arc de triomphe, qui effaçât par son élévation tous les monumens de ce genre, antiques et modernes; cependant les travaux ne continuèrent que jusqu'à la restauration, qui les suspendit. En 1823, époque de l'intervention en Espagne, on les reprit, mais il paraît que la première destination de ce monument fût alors changée — ».

La dame qui se trouvait à un des quatre coins de l'Arc, après en avoir mesuré de l'œil la hauteur et la largeur, après avoir calculé, peut-être, dans sa tête la quantité de millions, que cela peut avoir coûté à la France, car elle y resta quelque tems sans parler, consentit enfin d'en faire avec moi le tour. Elle s'arrêta devant chacun des trophées emblématiques, et examina les bas-reliefs représentant différentes batailles données par Napoléon, laissant échapper de tems en tems quelque mot d'admiration sur la beauté des sculptures et sur les ornemens d'architecture. Elle lut à haute voix les noms des victoires que l'on y a sculptés, ceux des généraux qui les remportèrent, puis, se tournant vers moi, elle me dit :

« — Quelle que soit la destination donnée à cet édifice, il me semble qu'on pourrait assez bien le prendre pour un monument de l'inconstance de la Fortune, qui aime à relever ceux qu'elle avait abaissés, et à précipiter ceux qu'elle avait élevés le plus. Voyez cet homme : elle le choisit dans la foule, elle le flatte, le pousse, le traîne jusqu'au sommet de sa roue, mais pour le seul plaisir de le laisser tomber rudement après. Oh! les hommes qui planent sur les autres, au lieu de s'enorgueillir, ils ne devraient songer qu'à prévenir la chûte qui les menace! — Et vous, M.ʳ, que pensez vous de cette capricieuse de Fortune ?

— Mais! Il me serait impossible d'en avoir une meilleure opinion que la vôtre, lui répondis-je. Par là, j'en agis avec elle, comme on en agirait avec une capricieuse : je ne me soucie pas de lui rendre des soins, et je ne me donnerais pas le moindre mal pour lui plaire, car ce serait perdre mon tems et ma peine. Si l'on ne fixe pas l'attention d'une capricieuse en la négligeant, on y parviendrait encore moins, en lui faisant la cour. Cependant, je n'ai pas à me plaindre de la Fortune : contente d'avoir précipité le père jusqu'à l'extrémité inférieure de sa roue, elle paraît maintenant avoir oublié le fils, et je lui en sais bon gré, car c'est tout ce que j'attends d'elle.

— Vous êtes bien sage, pour un jeune homme de votre âge, me dit alors ma compagne. Où avez-vous appris cette sagesse?

— Madame, continuai-je, dans l'ignorance de ma première jeunesse, je rêvai le bonheur, mais le bonheur ne vint pas: j'avançai alors la tête, je plongeai mes regards dans ce labyrinthe, que l'on appelle, le monde, et je revins aussitôt de mon erreur. Mon cœur trop vaste se retrécit: il a souffert, en se voyant déçu, beaucoup souffert, mais en perdant toute espérance, il est devenu calme. Plus, j'ai appris à regarder le chagrin et les injustices des hommes comme un mal très-commun, comme quelque chose qui fait partie de la vie, de sorte que, quand le malheur viendra, il m'y trouvera toujours préparé. Et puis, madame, j'ai déjà trop savouré dans mon imagination le plaisir ineffable de l'homme courageux, qui envisage fièrement son malheur, et paraît lui dire:
« — Regarde-moi, je suis plus grand que tu ne croyais: tu ne porteras ja-

mais tes coups jusqu'à mon cœur — ».
Cet homme, dis-je, ne trouve-t-il pas
dans son courage une véritable compensation à ses maux?

— Assez! Assez! interrompit alors ma compagne. Si vous êtes tel que vous dites, vous devez faire plus envie qu'un enfant gâté de la Fortune. Pour moi, je sens que je n'ai pas le même courage — ».

Elle soupira profondément après avoir dit ces paroles, et me parut bien triste. Pour dissiper sa tristesse, je lui proposai de monter sur l'Arc de triomphe, elle accepta ma proposition, et nous entrâmes.

Je ne sais pas si c'est un avantage de notre siècle éclairé, ou bien un défaut, de s'exalter à chaque instant; et de trouver de la poésie partout, mais ce que je puis assurer, c'est, que notre élévation corporelle, qui nous rapetissait tous les objets en bas, sur lesquels nous paraissions dominer, nous fit trouver notre position bien poétique. Je tâchai d'en augmenter le prix, en faisant remarquer à ma compagne tout ce qu'il y avait de plus beau et de plus agréable à voir. Je lui montrai la belle allée de Neuilly, le bois de Boulogne qui se présentait à quelque distance, et je lui parlai de la célébrité qu'a donné à ce bois la galanterie et la vengeance; je n'oubliai pas de lui dire qu'on y trouve des allées délicieuses, des salles de verdure, un restaurant, et que, quoiqu'il ait été un peu gâté par les Russes, lorsqu'ils se trouvaient dans les environs de Paris, il était encore assez beau pour qu'un étranger se donna la peine d'y faire un tour. Mon intention était de prendre un cabriolet, et pousser notre promenade jusqu'aux fortifications, en traversant ce bois, mais ma compagne paraissait insensible à tout cela. Le beau tems qu'il faisait, l'air pur que l'on y respirait, la promenade que nous venions de faire, et peut-être quelque autre arrière-pensée, que je ne pouvais pas deviner, avaient exalté un peu son esprit. Elle me paraissait absorbée dans une de ces méditations, qui tiennent du triste et de l'agréable à la fois, ou mieux, elle jouissait de ce plaisir que l'on ne saurait expliquer, et qui est toujours la conséquence d'une position fausse, mais délicieuse; d'une position que la raison n'approuve pas, mais qu'il est impossible d'éviter, une espèce de torpeur d'esprit, qui tient le cœur en suspens, entre le plaisir et le regret, entre la jouissance et la tristesse d'un souvenir : mais, et la tristesse et le regret sont doux, et on dirait qu'ils ressemblent encore à du plaisir. J'aurais bien voulu la quitter un instant pour la laisser seule avec elle même, mais, craignant que sa méditation n'allât plus loin que je n'aurais souhaité, je me contentai, sans la quitter, de me taire. Après un silence de presque dix minutes, elle leva sur moi des yeux humides et brillans, me fixa quelques instans, puis elle me saisit la main, et me la serra d'une force convulsive; poussant ensuite un profond soupir, elle laissa ma main, et s'écarta de moi.

Je m'approchai d'elle presque aussitôt, et je lui dis :

« — Qu'avez-vous? madame, vous me paraissez bien agitée.

— Oh ! rien, M.<sup>r</sup>, répondit-elle, rien: ne prenez pas garde à cela.

— Vous repentiriez-vous par hasard d'avoir laissé paraître une amitié, qui aurait pu me procurer au moins un instant de bonheur?

— Je ne sais pas si vous dites cela par pure galanterie, mais quand vous le penseriez, prenez garde que vous auriez pu encore vous tromper en prenant mon action pour une marque d'amitié.

—Mais quand je me serais aperçu après, que je m'étais trompé, croyez-vous que cela aurait pu détruire le bonheur dont j'aurais joui dans mon illusion, et que j'aurais aimé moins l'erreur qui aurait contribué à me rendre un instant heureux? Mais, madame, vous craignez trop de me montrer un sentiment qui ne peut nullement vous faire tort en pareilles circonstances; n'allez pas me faire l'affront de penser que je pourrais en abuser. Oh non ! Quand je vous dis heureux, je ne veux parler que de ce bonheur, que l'on aurait même avec une personne de son sexe, qui eût un cœur assez sensible pour comprendre le nôtre, et pour occasionner un de ces épanchemens si doux, qui font goûter pour un instant, même avec un étranger, les douceurs de l'amitié. Cette amitié est si mal connue et si rare, que, dès que nous trouvons un cœur qui en a quelque apparence, nous nous emparons aussitôt de lui, et nous en tirons pour le nôtre tout le bien possible. Nous risquons de nous tromper, mais qu'est-ce que ça fait? Je voudrais me tromper ainsi toute ma vie, et mourir heureusement après, dans mon ignorance, comme quelques uns de ces êtres heureux, pour qui l'ignorance est le bonheur. Ils se croient quelque chose dans le monde, et ils ne sont rien; ils se croient aimés, et ils ne la sont pas, mais ils ont le bonheur de le croire toujours, et de mourir dans cette persuasion, après avoir tranquillement joui de tous les avantages que leur aurait pu procurer la réalité même. Cette vie est si pauvre en véritables plaisirs, elle produit si peu de ces douces satisfactions, de ces jouissances paisibles de cœur, qui sont la seule compensation des maux dont elle est si fertile, que, si nous ne tâchions pas par notre imagination, par des illusions trompeuses, d'en trouver là, où il n'en existe réellement pas, nous serions réduits aux seules amertumes, aux seules mortifications, auxquelles nous condamne sans cesse cette société, qui a la prétention de ne travailler qu'au bonheur de ses individus. Voyez celui qui a voulu lire trop à fond dans le cœur de l'homme, qui a voulu disséquer, je dirai ainsi, la société pour acquérir une expérience trop profonde; il a connu de quoi est capable ce cœur humain, et il en a eu horreur; il a vu la société lutter contre les besoins sans nombre qu'elle se crée chaque jour, et faire, pour sortir victorieuse de cette lutte, des efforts hideux, il l'a vue intéressée, egoïste, trompeuse, et il en est devenu méfiant. Il s'est trouvé alors seul dans le monde, réduit à ses seuls calculs, toujours tremblant, ne voyant dans l'amitié qu'un intérêt caché, dans l'amour, et dans la société entière que mensonge et tromperie. Qu'a-t-il fait alors? Il ferma les yeux, et il se dit:

« — Je me fierai désormais aux apparences, je me contenterai de celles-ci, sans aller chercher trop loin la vérité; car il vaut mieux être parfois trompés, que de renoncer pour toujours à toute jouissance, dans la crainte de l'être — ».

Après cette tirade, par laquelle j'allai assurément plus loin que je ne voulais, je me tus. La dame qui m'avait toujours écouté avec une extrême attention, laissant échapper de tems en tems quelque geste qui marquait du plaisir, ou de l'étonnement, attacha alors de nouveau ses yeux sur moi, s'empara encore une fois de ma main, et la serra avec un geste, qui paraissait dire à quelque réflexion contraire de son esprit. « — Silence — ». Elle devint alors douce et caressante, et, sans me laisser lire jusqu'au fond de son cœur, elle me dit tant de choses, avec tant d'amabilité et de grâce, que j'en fus attendri jusqu'aux larmes......

Mon ami, nous pleurions tous les deux, et nous ne savions pas pourquoi...... Oh Arc de triomphe ! Oh larmes, que la pureté de mes sentimens rendait si douces, vous ne serez jamais effacées de mon souvenir !

Nous passâmes ainsi presque plus d'une demi-heure; puis ma compagne prenant presque tout à coup un air décidé, me pria d'un ton bref de partir. J'obéis, nous descendîmes en silence, entrâmes dans un cabriolet, et allâmes descendre, presque sans dire un mot, devant une maison du quai d'Orsay, où elle avait une visite à faire.

 " — Nous verrons-nous demain, madame, lui dis-je, avant de la quitter?

— Demain c'est impossible, répondit-elle, mais après demain c'est probable — ".

Là-dessus nous nous quittâmes, et j'allai retrouver Charles qui m'attendait depuis long tems.

La Chapelle expiatoire — Eglise de la Madelaine.

Je sortis ce matin vers neuf heures pour aller...... Je ne le savais pas. Le tems était superbe, et je suis sorti ; voilà tout. Bien loin de ressembler à ces étrangers, ou à ces provinciaux qui étudient le soir leur plan, et tracent sur un morceau de papier la marche qu'ils feront le lendemain à travers les merveilles de cette capitale, quand je suis seul, et que je n'ai pas d'engagemens, je sors toujours au hasard. J'ai encore tant de choses à voir dans cet immense Paris, que je n'ai qu'à marcher, pour être sûr de rencontrer sur mon chemin quelque curiosité qui mérite mon attention. Je quittai donc mon hôtel ce matin, et, tout en fumant mon petit cigare, je m'acheminai aux boulevarts des Italiens, lorsque je rencontrai une vieille dame, avec qui j'ai fait connaissance moyennant une lettre de recommandation. A la vérité, cette pauvre dame ne peut pas m'être fort utile à Paris, mais elle est si bonne, que je ne saurais m'empêcher d'aller la voir quelquefois.

« — Bon jour, madame, lui dis-je, en l'abordant : vous êtes bien matinale pour une dame de votre âge.

— Eh! mon Dieu, oui! et même matineuse, si vous le voulez, car ce n'est pas une chose extraordinaire, c'est mon habitude de sortir à l'heure qu'il est.

— Vous allez apparemment vous promener.

— Pas tout-à-fait me promener, mais en me promenant je vais à la messe.

— A quelle église, s'il vous plait?
— A la chapelle expiatoire.

— Je ne connais pas encore cela, moi.

— Comment, vous n'avez pas encore vu la chapelle expiatoire ?

— Non, M.$^{me}$, et je ne serai pas fâché, si vous voulez bien me permettre de vous accompagner, d'aller la voir avec vous.

— Si la compagnie d'une vieille femme comme moi peut vous convenir, je trouve celle d'un jeune homme fort à mon gré.

— Merci, M.$^{me}$, mais, dites-moi d'abord, s'il vous plaît, ce que c'est que cette chapelle expiatoire — ».

La pauvre dame, de riante qu'elle était, devint triste, et me regarda d'un air, qui marquait combien elle était sensible aux événemens qu'il fallait rappeler à sa mémoire pour satisfaire ma curiosité, puis, soupirant profondément, elle me dit:

« — Vous savez que les tristes restes du bon roi Louis XVI et de sa compagne Marie Antoinette, ne furent pas aussitôt après leur mort transportés à Saint-Denis. Les tombeaux de leurs ancêtres y avaient été ouverts, les cendres profanées, dispersées par la fureur de nos révolutionnaires, qui, ne connaissant plus de distinction entre les rois et les sujets, firent enterrer ce couple malheureux dans le cimetière de la Madelaine, à côté de tant d'autres victimes de leur cruauté. C'est là, dans la rue que l'on appelle maintenant d'Anjou, que Louis XVIII ordonna d'ériger une chapelle, afin de marquer, à ceux qui viendraient, la place, où les cendres royales séjournèrent pendant vingt-deux ans, et peut--être aussi, afin d'exciter notre piété à prier, et à demander au Ciel le pardon d'une faute, qui couvrit sans distinction les Français de honte, et que malheureusement on n'oubliera jamais — ".

Les dernières paroles de la dame excitèrent en moi une grande envie, que je lui témoignai, d'entendre quelques détails sur cette journée si fameuse dans l'histoire moderne de la France. Je n'ignorais pas que je n'avais presque rien à apprendre, car ce sont des faits trop connus, cependant je n'étais pas fâché de les entendre redire par la bouche d'une personne, qui en avait été témoin. Elle s'en excusa d'abord sur ce qu'elle ne s'était pas trouvée sur le théâtre, où cette scène horrible avait eu lieu, mais, cédant enfin à mes instances, elle continua de parler ainsi.

« — Le souvenir de ce jour affreux, qui ne s'effacera jamais de mon esprit, me fera toujours rougir pour ceux de mes concitoyens, qui trempèrent dans ce crime. Je ne puis pas m'empêcher d'en frémir encore toutes les fois que j'y pense.

— C'était par tout un mouvement sourd, ou de soldats qui allaient et venaient, en croisant Paris, ou de gens qui s'acheminaient vers la place dite aujourd'hui de la Concorde. Les uns se faisaient des gestes qui marquaient assez leur improbation, les autres gardaient un silence triste, et d'autres se parlaient à voix basse, d'un air, que l'on aurait dit qu'ils craignaient, ou la tyrannie de ces frénétiques, qui criaient *Liberté*, ou la vengeance du Ciel. A certaine heure Paris était désert: toute la ville s'était concentrée, je ne sais pas comment, dans un seul point. Je ne vous dirai pas ce que faisait cette foule en attendant l'heure de l'exécution : je vous ai déjà dit qu'il ne seyait pas à une personne de mon sexe d'y assister, et quand même j'aurais été un homme, je n'aurais pas voulu de ce spectacle ; tout ce que je puis vous dire, c'est, que tout était silence dans la ville, et qu'on n'entendait plus que de loin un certain bourdonnement confus, qui, parvenant jusqu'à nos oreilles, nous fesait deviner les ondulations, l'agitation, la frénésie presque de cette multitude entassée. On ne voyait dans les maisons voisines, qui environnaient la mienne, que quelques femmes avancer craintives la tête hors du balcon, ou de la croisée, se regarder d'un air stupide, sans mot dire, et se retirer ensuite presque effrayées. Au bourdonnement de la place succeda un grand silence, un silence sépulcral, un silence qui me figea le sang dans les veines. Je me renfermai chez moi avec ma mère, et nous priions, et pour les victimes, et pour les bourreaux. Enfin un grand bruit confus, qui croissait en s'avançant, qui se répandit après, et se dispersa peu à peu, nous avertit que tout était fini. Je versai quelques larmes, et je dis avec ma mère les prières des trépassés. Le croiriez-vous, M.$^r$ ? Pendant plus de deux journées entières, il me fut impossible de manger. La nuit je ne rêvais que le roi: je le voyais ce malheureux posant sa tête sur le billot, je voyais la tête tomber, bondir sur le plancher, et se noyer dans son sang. Je m'éveillais alors tout effrayée et j'appelais ma mère, car je ne voyais d'autre moyen pour apaiser mon esprit agité. Il m'a fallu, M.$^r$, plus d'un mois pour reprendre ma tranquillité — ».

Ma compagne après ce récit demeura quelque tems rêveuse, puis, s'arrêtant tout à coup, me demanda ce que pensent les Italiens de la mort de Louis XVI.

« — Il est aisé de l'imaginer, M.$^{me}$, répondis-je alors; ils traitent les Français de régicides, car, entre nous, toutes les chapelles expiatoires du monde ne parviendront jamais à laver la tache, qui flétrit la gloire de leur nom.

— Je m'en doutais : mais c'est pourtant une injustice d'imputer ainsi à toute la nation un forfait, qui n'a été que le crime de peu de personnes.

— Je ne sais pas si c'est en effet une injustice, mais quand cela serait, les Français n'ont pas le droit de s'en plaindre, eux, qui traitent tous les Italiens de brigands, armés de stylet, parce qu'il y eut autrefois là-bas, dans la Calabre, ou dans le royaume de Naples, quelques assassins qui se rendirent fameux par leurs forfaits. D'ailleurs, M.<sup>me</sup>, vous conviendrez que toute la nation, au moins par son silence, consentit à la mort du roi.

— Dites plutôt que le peu de personnes qui avaient un intérêt particulier pour que le roi mourût, surent imposer silence à la nation entière.

— Excusez-moi, M.<sup>me</sup>, mais si les Français avaient été vraiment forcés à ce silence, ils n'auraient pas assisté au crime avec tant d'enthousiasme.

— Croyez, M.r, qu'ils n'y furent entraînés que par la curiosité, par cette curiosité impérieuse, si vivement excitée dans les hommes par les événemens, ou les actions d'éclat, par cette curiosité même, qui nous retient parfois à contempler les scènes les plus déchirantes, et qui nous fait assister à l'exécution d'un malheureux frappé par la loi, en dépit des sentimens de pitié qui s'élèvent dans notre cœur, lequel consentirait alors à soustraire aux rigueurs de la justice le patient, quelque criminel qu'il fût. Interrogez les Parisiens, vous n'en trouverez pas un sur cent, qui approuve ce régicide. Quant à l'enthousiasme, dont vous parlez, ce fut encore l'ouvrage de peu de personnes intéressées, et de quelques malheureux vendus à leur tyrannie, lesquels, criant par tout de grands mots, ou séduisans, ou incompréhensibles, finirent par entraîner une foule de gens plus ignorans que coupables, car, au fond, ils ne comprenaient rien à tout cela. Il arriva dans cette occasion ce qui arrive souvent dans nos théâtres, où trois ou quatre habitués, qui s'obstinent à claquer des mains, décident ordinairement la multitude à suivre leur exemple, laquelle, après s'être bien épuisée en un bruyant claquement, se demande ce que c'est — ».

Je ne pouvais me lasser d'entendre cette femme, âgée de 65 ans, raisonner avec tant de force et de justesse, et j'aurais même par mes objections prolongé ses raisonnemens, si je ne me fusse pas aperçu que je touchais au bout de ma promenade.

Nous entrâmes par une porte assez vaste; une petite avenue de cyprès nous conduisit à un escalier, par lequel nous gagnâmes une espèce de plate-forme, où s'élève la chapelle expiatoire. Tout est grave et religieux dans cette enceinte; les arbres funéraires, et le portique sépulcral abritant des cénotaphes destinés à conserver la mémoire d'autres illustres personnages, qui y furent enterrés, ajoutent encore à la solennité du lieu. L'intérieur représente une croix grèque, dont les branches, qui se terminent en hémicycles, ne laissent pas de donner à l'édifice une forme presque ronde. La disposition de cette chapelle est toute propre pour inspirer le recueillement : nue de tout autre ornement, ses sièges couverts de velours cramoisi, lui donnent un air de propreté sans donner dans le luxe. Marie Antoinette représentée dans l'hémicycle à droite, ayant à côté un ange qui paraît l'encourager dans ses derniers momens, et Louis XVI à gauche, qui, les yeux tournés vers le ciel, paraît faire le sacrifice de sa vie, augmentèrent encore davantage le sentiment de respect et de douleur, dont je me sentis saisi en entrant dans ce monument. Les deux statues, chacune de son côté, s'élèvent sur un espèce d'autel, ou soubassement, sur lequel on a gravé leur testament. « — Entendons d'abord la messe, me dit ma vieille compagne, en s'agenouillant, nous ferons nos observations après.

On ne comptait que deux personnes dans l'église, nous exceptés ; une jeune et jolie dame richement habillée, et un monsieur portant un rubant rouge à sa boutonnière, qui avait l'air d'être son mari. Ils priaient tous les deux avec tant de recueillement et de dévotion, qu'il m'aurait été impossible de ne pas suivre leur exemple. Ce fut un moment d'une vraie poésie religieuse, ce fut un moment de bonheur pour moi.

La messe finie, le monsieur et la dame se retirèrent, et ma compagne, se levant presque aussitôt, me conduisit devant la statue du roi, et se mit à lire presque à haute voix son testament.

« Au nom de la Très-Sainte Trinité, du Père, du Fils et du Saint-Esprit: aujourd'hui, vingt-cinquième jour de décembre 1792, moi, Louis Seizième du nom, roi de France, étant, depuis plus de quatre mois renfermé avec ma famille dans la Tour du Temple à Paris, par ceux qui étaient mes sujets »

. . . . . . . . . . . . . . . . . . . . . . . .
. . . . . . . . . . . . . . . . . . . . . . . .
. . . . . . . . . . . . . . . . . . . . . . . .

« — Qu'il était calme, ce pauvre roi! s'interrompit alors la dame. Qu'il était religieux!

— Heureux, madame, m'écriai-je à mon tour, d'un ton presque d'inspiré, et sans m'en apercevoir, heureux celui qui dans les tourbillons de la grandeur, ou sous l'empire des passions, empire que malheureusement nous connaissons presque tous, ne se laisse pas aveugler, comme tant d'impies, jusqu'à travailler pour détruire dans son cœur cette religion qu'il a sucée avec le lait, parce qu'elle crie contre ses déréglemens! Quoique oubliée, il la trouve cette religion, lorsque l'âge et l'expérience, détruisant ses illusions, l'avertissent qu'il n'y a plus rien à espérer ici-bas! Il la trouve, lorsque, le malheur pesant sur lui, il se voit seul dans ce monde, qui ne saurait alors lui donner la moindre consolation! Il la trouve comme une amie tendre et affectueuse qui, s'empressant autour de lui, verse avec une douceur toute particulière un baume divin sur ses plaies, et lui fait trouver le calme et le bonheur, là, où un autre ne trouverait que le désespoir ! L'histoire nous en en fournit bien des exemples, et moi, si j'en avais le tems, je pourrais vous en citer quelques uns bien forts parmi les malheureux qui, là-bas dans mon pays, furent malheureusement frappés par la foudre politique. Mais il n'est pas nécessaire que j'en dise davantage : vous êtes religeuse, et vous comprenez très-bien tout cela. . . . . . .

— Vous vous étonnez, madame, continuai-je encore, voyant qu'elle me regardait d'un air de stupéfaction, vous vous étonnez d'entendre un jeune homme parler ainsi, mais votre étonnement cessera, quand vous réfléchirez que tout chrétien ne saurait avoir d'autres sentimens que ceux-ci, que ce serait la plus basse des lâcheté de déguiser les sentimens de son cœur.... Oh ! pourquoi rougirai-je de les laisser éclater ? Parce que tant d'autres les cachent..... — ».

Elle me saisit la main, me la serra entre les siennes, et me dit :

« —Vous me faites aimer davantage les Italiens que j'ai toujours aimés — ».

Ces paroles furent suivies d'un silence, qu'elle ne rompit que cinq ou six minutes après pour me lire encore à haute voix les morceaux du testament qui suivent, qu'elle jugea apparemment les plus propres à me donner de la compassion.

« — ......Je prie tous ceux que je pourrais avoir offensés par inadvertance (car je ne me rappelle pas avoir fait sciemment aucune offense à personne), ou ceux à qui j'aurais pu avoir donné de mauvais exemples ou de scandale, de me pardonner ........

...... Je pardonne de tout mon cœur à ceux qui se sont faits mes ennemis, sans que je leur en aie donné aucun sujet; et je prie Dieu de leur pardonner, de même qu'à ceux qui, par un faux zèle ou par un zèle malentendu, m'ont fait beaucoup de mal.... Je finis en déclarant devant Dieu, et prêt à paraître devant lui, que je ne me reproche aucun des crimes qui sont avancés contre moi ........ — ».

« — Si ce n'était pas le secours de la religion, comme vous disiez tantôt, continua-t-elle, en se tournant vers moi, comment un roi dans la position de Louis XVI aurait-il pu avoir et publier des sentimens si doux et si édifians? Comment aurait-il pu garder jusqu'au dernier moment cette tranquillité et cette résignation sainte, qui excita presque l'envie de ses bourreaux? — »

La pauvre vieille était si attendrie, et par la lecture qu'elle venait de faire, et par ses réflexions, qu'elle était forcée d'essuyer de tems en tems des larmes qui lui échappaient malgré elle. Nous quittâmes ensuite la statue du roi, mais ce ne fut que pour aller nous placer devant celle de la reine, sa femme. Cette statue et le testament que nous y lûmes tout entier, en faisant beaucoup de réflexions, nous retint plus d'une demi-heure. Après je demandai à voir la place, où reposèrent les cendres des deux malheureux époux avant que le monument existât. La dame trouva ma demande assez juste, et, faisant avancer par un signe de tête le concierge qui nous observait, elle me fit descendre un escalier très-étroit, et me conduisit au souterrain. J'en fis le tour, et venant ensuite m'arrêter devant une espèce d'autel, qui se trouve précisément sous l'emplacement de celui de la chapelle, on me dit : « — Voilà ce que vous souhaitez voir — ». Je le considérai pendant quelques minutes avec émotion, puis, voyant ma compagne qui se disposait à sortir, je lui déclarai que j'étais prêt à la suivre. Nous reprîmes le chemin par lequel nous étions entrés, et un instant après, nous marchions dans la rue d'Anjou Saint-Honoré vers les boulevarts. En passant devant l'église de la Madelaine, qui est une des plus remarquables de Paris, je ne pus m'empêcher de m'arrêter un instant, quoique j'eusse déjà vu et admiré cette magnificence deux jours plus tôt. Il est impossible de passer devant cet édifice, sans faire au moins un geste d'admiration, et les Parisiens eux mêmes, tout habitués qu'ils sont à cette vue, ne pourront pas se défendre, je crois, en passant et repassant devant cette église, de lever de tems à autre les yeux sur sa riche colonnade, et de s'écrier : « — Que c'est beau — ». Ce monument forme un quadrilatère de 100 mètres de long sur 42 de large hors d'œuvre, et son péristyle, qui compte 52 colonnes corinthiennes, s'élève sur un soubassement de quatre mètres de hauteur. On monte au vestibule par un vaste perron de 30 marches; le fronton, où l'on voit sculpté avec toute la finesse de l'art le jugement dernier, est un des plus beaux ornemens de cette façade, qui est sans contredit une des plus riches et des plus élégantes. L'intérieur de cette église, qui répond dignement à la magnificence que l'on admire au dehors, est une grande nef, dont la voûte, très-riche en or, est divisée en trois coupoles éclairées à leur extrémité par une ouverture circulaire. Sous une espèce de vestibule intérieur on voit deux chapelles, l'une à gauche destinée aux fonts baptismaux, l'autre à droite destinée aux célébrations de mariages. En avançant dans la nef on en rencontre six autres, trois de chaque côté, qui communiquent toutes au chœur par le moyen d'une arcade. On a pratiqué dans ces chapelles des couloirs, qui, passant derrière les autels, conduisent directement aux sacristies. De ces mêmes couloirs on va, par des escaliers, à une petite tribune qui passe derrière les statues des autels, et de là, à une autre plus vaste et plus magnifique, qui, surmontant le fronton des chapelles, entoure tout l'édifice. On monte au chœur par une estrade en marbre blanc de huit marches; au milieu se trouve le maître-autel, qui sera, dit-on, surmonté d'un groupe en marbre, composé de trois anges soutenant la Madelaine, qui s'extasie en regardant le ciel. Du reste, en voyant cette église on s'apperçoit aussitôt, que l'on n'a rien épargné dans sa construction, et que l'on n'épargne rien dans les décors de son intérieur, pour que ce soit un des plus beaux et de plus riches monumens de Paris. Les peintures, les sculptures, l'or, et le marbre même le plus fin d'Italie, n'y ont point été épargnés.

« — Que pensez vous de cette église ? demanda ma compagne, en voyant que je m'extasiais en la contemplant.

— Mais, je pense assurément comme vous, et comme ne pourront pas s'empêcher de penser tous ceux qui la verront. La seule remarque que je pourrais faire contre sa magnificence extérieure, c'est que l'on n'y trouve pas toute cette gravité imposante, qui devrait être le caractère de toutes les églises.

— Vous n'avez peut-être pas tort, continua la vieille dame, mais si c'est une faute, c'est à nos événemens politiques qu'il faut s'en prendre. La construction de cette église commencée en 1764, après avoir subi quelques vicissitudes, fut entièrement, et pour long tems suspendue à cause de la révolution. En 1806 Napoléon conçut l'idée d'en faire un temple dédié à la gloire des armées françaises, et les travaux recommencés sur un nouveau plan, continuèrent jusqu'à ce que les désastres de l'Empereur vinrent les interrompre de nouveau. Enfin deux ans après, une ordonnance royale voulut que l'on en continuât la construction, et que l'on rendît l'édifice à sa première destination, mais, malgré cela, la colonnade était déjà élevée, et les travaux déjà trop avancés, pour que l'on en changeât encore le plan. Voilà pourquoi vous trouvez un dehors, qui ne répond peut-être pas entièrement à la destination de l'édifice — ».

Ma compagne, voyant que j'étais fort satisfait de ce qu'elle venait de me dire, reprit :

« — Et de notre cathédrale qu'en dites-vous ? Son air de vétusté, ses galeries, ses tours, y compris son Bourdon, que 16 hommes à peine peuvent mettre en branle, vous ont-ils fait trouver toute la gravité imposante que vous souhaitez dans les églises?

— Oui, M.^{me}, répondis-je, votre cathédrale est magnifique, riche en ornemens d'architecture, elle est imposante sans doute, mais, si je dois dire franchement ce que j'en pense, je vous dirai que je ne l'ai pas trouvée telle, que je me l'étais imaginée d'après le roman de Victor Hugo: j'avoue pourtant que c'est ma faute.

— Que prétendiez-vous voir donc?

— Je ne saurais pas vous le dire, mais quant à son intérieur, il me semble que si l'on n'avait pas pris le soin malentendu de le badigeonner, il aurait peut-être produit sur moi tout l'effet, auquel je m'attendais, et qu'auraient pu produire la hauteur de ses voûtes, le nombre des piliers qui la soutiennent, la richesse de ses marbres, et l'harmonie de son ensemble — ".

Elle sourit, mais d'un sourire, que je ne pus traduire, et que, si je voulais le prendre pour de l'approbation, même aprésent, je risquerais de me tromper. Cependant, sans y prendre garde, je continuai avec elle ma conversation sur les églises. Nous parlâmes de Saint-Roch et de Saint-Sulpice, que nous nous accordâmes à trouver parfaitement belles, et tout-à-fait dignes de ce fameux Paris, où tout est grand, tout est beau. Quand nous fûmes à l'église dite de Notre-Dame-de-Lorette, elle m'obligea encore à dire ma pensée sur celle-ci; peut-être se doutait-elle déjà de ce que j'allais répondre. Ne voyant pas moyen de m'en défendre je répondis ainsi:

« — Puisque vous le voulez, je vous dirai, avec toute la franchise que vous me connaissez, que les colonnes, qui forment la nef de milieu, et qui me frappèrent en entrant, me déplurent. Chacun a son goût, M.<sup>me</sup>, je ne vous dirai pas que le mien soit le meilleur, mais je n'aime pas voir dans une église des colonnes en stuc d'un beau poli, jaunâtres comme celles-là, ou de quelque autre couleur que ce soit. Quant au reste, je vous dirai que la richesse de cette église, et le nombre prodigieux de ses peintures m'étonna. Je considérai presque toutes ces peintures, l'une après l'autre, mais, tout en les admirant, je me disais: Il y a là de quoi distraire le chrétien le plus dévot, pour peu qu'il ait du goût pour les beaux arts. Eh! entre-nous, M.<sup>me</sup>, le but d'une église, ce doit être celui de nous recueillir, pour nous inspirer après des sentimens de religion : ainsi vous sentez bien, qu'une église qui serait trop riche en certains ornemens, qui étalerait trop de luxe en peintures, risquerait de manquer son premier but. Entourés de tant de richesses, nous ne pouvons pas, il me semble, nous empêcher de lever de tems en tems la vue; et, en les voyant, qui peut nous garantir que notre esprit ne se laissera pas aller à des considérations, qui n'ont aucun rapport avec l'église ? Je ne sais pas si vous pourrez goûter ces sentimens, mais tels qu'ils sont, ce sont les miens, et je vous assure que je n'aurais pas osé vous les découvrir, si vous ne l'aviez pas exigé. Je vous avouerai pourtant, que j'ai admiré beaucoup l'ordre et la propreté qui règne dans toutes les églises de Paris, et que la dignité avec laquelle elles sont desservies m'a frappé. Mais puisque je suis sur ce chapitre, permettez-moi de faire encore une observation qui fait beaucoup d'honneur aux Parisiens. J'ai assisté au service du dimanche en plusieurs églises, mais je n'ai pas remarqué du tout, que les galans fassent servir les églises pour le lieu de leurs rendez-vous. Les églises à Paris sont moins courues qu'en Italie, mais en récompense, tous ceux qui y entrent, y entrent pour prier, et leur recueillement, leur attention au prône sont édifians — ».

Sur ces entrefaites j'arrivai à la demeure de ma compagne. Elle voulait me retenir à déjeûner : je m'en défendis, et elle consentit enfin que je m'en allasse, à condition que j'y serais retourné le lendemain.

Lettre de la Turinaise.

Je ne doute point que tu n'aies une grande envie d'apprendre des nouvelles de ma Turinaise. Cependant, d'après la régularité avec laquelle je mande tout ce que je vois, et tout ce qui m'arrive, il ne te sera pas difficile de t'imaginer, que si je n'ai rien écrit la dernière fois, c'est que je n'avais rien qui valût la peine d'être mandé, à moins que je n'eusse voulu me contenter de te dire, que je me rendis chez elle le jour qu'elle m'avait marqué, que j'y retournai le lendemain, le surlendemain, et l'autre jour encore, mais qu'elle trouva toujours moyen d'éviter mes visites. Maintenant la chose est différente ; je reçus ce matin un coup décisif, que je m'empresse de mettre à ta connaissance. Je me présentai vers midi à son hôtel, et sur la demande ordinaire que j'adressai au portier, si madame était à la maison, ce coquin, qui, comme je me souviens de l'avoir dit, avait peut-être déjà deviné le but que je mettais dans mes visites, me répondit en souriant. « — Madame est sortie vers les neuf heures, et en sortant elle m'a chargé de cette lettre pour vous — ».

Un pressentiment accéléra les battements de mon cœur, et sans faire beaucoup d'attention au sourire malin du commissionnaire, je m'emparai de la lettre, et je sortis pour lire ce qui suit.

Monsieur.

« — Toutes les apparences sont contre moi, et si le monde connaissait toute ma conduite envers vous, il ne laisserait pas de la condamner. Il me traiterait d'extravagante, je le sais, il dirait que je suis injuste de vous quitter ainsi, sans même vous dire Adieu, après tout ce qui s'est passé entre nous, mais vous êtes raisonnable, et avant de me juger, vous consentirez, j'espère, de réfléchir sur les raisons que j'ai eues d'en user ainsi. Je vous dirai même, que je pousse ma confiance en la bonté de votre caractère, jusqu'à croire, que quand vous ne pourriez pas goûter mes raisons, vous me trouveriez encore digne de votre pardon, en considérant que chacun a ses principes, sa façon particulière d'envisager les choses, et que, fausse ou véritable que soit cette façon, il faut se conduire en conséquence pour être en paix avec sa conscience.

« Je vous ai vu la première fois à Milan, et je sentis naître aussitôt en moi un sentiment de sympathie, que je ne savais pas m'expliquer. Vous étiez malade alors, et votre état m'inspira pour vous un intérêt, qui devint de l'amitié, après la longue conversation que nous eûmes ensemble à Novare.

Arrivés à Turin, je vous offris mes services dans une ville que vous ne connaissiez pas; au lieu de m'arrêter là, connaissant votre honnêteté, je poussai la confiance en ma vertu, jusqu'à aller vous voir dans votre auberge. Les têtes à têtes, que nous eûmes ensemble, furent trop prolongés, trop tendres pour que mon cœur demeurât toujours le même, et puisque vous n'êtes pas là pour me voir rougir, puisque nous ne devons plus nous voir, je vous dirai franchement, que ce n'était plus de l'amitié que j'avais pour vous alors, c'était de l'amour. Ma conscience se souleva contre moi, elle me défendit de vous voir, elle m'imposa même de vous fuir; et je l'ai fait, vous le savez. Le hasard voulut que nous nous vissions à Paris; vous connaissez qu'elle fut ma conduite, mais vous ne devez plus maintenant vous étonner de son inconséquence. Si vous saviez, M.r, tous les combats auxquels je fus livrée! Si vous saviez tout ce que j'ai souffert, surtout pendant notre promenade à l'Arc de triomphe! vous en auriez pitié. Je suis veuve et libre, vous le savez, je connais votre bonté, et comme vous ne connaissez ni mon nom, ni ma demeure à Turin, je puis vous dire tout. Quand ma passion parvenait à faire taire tout autre sentiment, mon cœur s'ouvrait aussitôt à l'espérance, à la joie, mais tout de suite une réflexion horribile venait jeter le trouble et le désespoir là, où je croyais n'accueillir que le bonheur. Nos cœurs n'étaient pas d'accord ; c'était de l'amour, de la passion qui brûlait le mien, tandis que vous ne me parliez que d'amitié. Je sentis alors, comme je n'avais jamais senti de ma vie, tous les déchiremens d'un cœur qui n'est pas compris. Si la douceur, la tendresse de vos discours me laissaient entrevoir en vous la possibilité de cette métamorphose, qui s'était si rapidement opérée en moi, ou bien, si je me trompais jusqu'à croire que vous ne me parliez que d'amitié, parce que vous ne supposiez pas encore de la passion dans mon cœur, alors une réflexion encore plus cruelle que la première venait aussitôt détruire ce que l'espérance et l'illusion avaient produit de consolant en moi : je me souvenais que nous étions étrangers, que nous nous serions bientôt quittés pour ne nous revoir jamais, et qu'en me livrant à ma passion, je n'aurais fait que me préparer des peines encore plus horribles.

C'était alors une angoisse, c'était une souffrance si déchirante, qu'elle ne saurait être comprise que par ceux, qui ont eu le malheur de l'éprouver. Si j'avais pu vous ouvrir mon cœur tout entier, vos discours, vos persuasions auraient peut-être trouvé le moyen, sans blesser mes principes, d'adoucir ma douleur, et de jeter quelque consolation dans mon esprit, mais la honte de déclarer une passion qui n'était probablement pas partagée, la crainte d'aller plus loin que je ne voulais, m'en ôtèrent toujours le courage. J'eus quelques moments de faiblesse, et sur l'Arc de triomphe surtout, par mes épanchemens, par mes actions et mes discours passionnés, j'ai du vous dire beaucoup. Vous connûtes sans doute alors, en partie au moins, l'état de mon cœur, mais heureusement mes réflexions revinrent, et je vous ôtai par mon départ précipité le tems d'en profiter, quand vous auriez voulu le faire. Je devrais avoir honte de vous dire tout cela, mais la crainte d'être mal jugée par vous.... L'idée que nous ne nous reverrons plus..... Ah ! cette idée cruelle me rend presque frénétique, et, si c'était possible, je vous dirais encore plus que je n'ai dit, pour me venger de moi même et de mon sort, qui se joue cruellement de mes affections..... Ah ! ne m'accablez pas de votre mépris, Monsieur. Songez que ce départ, ce sacrifice, qui seul pouvait sauver mon honneur et ma vertu, est le plus grand effort que l'on aurait pu attendre de moi ; gardez moi votre estime qui est le seul bien qui me reste, gardez-la-moi, car je l'espère de cette amitié si tendre, si délicate, dont vous me parliez, et que vous paraissez connaître si bien : songez que, quoique innocent, vous êtes la cause de cette révolution, qui s'opéra en moi, et que cette paix, cette tranquillité, dont je jouissais quand je vous ai vu la première fois à Milan, je l'ai perdue pour toujours, peut-être, et pour vous. J'ai besoin de croire que vous ne m'oublierez pas si tôt, et comme je sais que notre bouche aime à prononcer le nom de celui, ou de celle, dont notre esprit rappelle le souvenir, je vous livre mon nom de baptême, que vous ne m'avez jamais demandé, *Thérèse:* Puissé-je être votre Thérèse à vous, comme vous serez toujours mon Joseph à moi!......

« Au bout d'une demi-heure, je serai en route, et quand vous lirez cette lettre, je serai déjà bien loin d'ici. Adieu.

*Thérèse* ».

Mon ami, que ferai-je? Si j'interroge mon cœur, il me répond ce qu'elle m'a dit d'elle-même dans sa lettre. « — Ce n'est plus de l'amitié que je sens, c'est de l'amour — ». Je m'aperçois maintenant qu'il est impossible de n'avoir qu'une simple amitié pour une femme jeune, et aussi aimable que ma Thérèse. Que ferai-je donc? Je suis libre, elle l'est aussi: la suivrai-je? Mais, où la trouverai-je, si je ne sais seulement pas son nom de famille? A Turin, après notre rencontre à la Poste, ne l'ai-je pas cherchée en vain pendant deux jours entiers? Oh! si tu étais là, tu saurais peut-être me conseiller!

Départ de Paris.

C'est décidé, mon ami, je pars ; la disparition de ma Thérèse, et sa lettre, qui me fit trouver dans mon cœur une passion, que je n'avais seulement pas imaginée, sont la cause de ce départ précipité, auquel je ne songeais pas. Et comment y aurais-je songé, tandis qu'elle était là? Je ne croyais pas l'aimer d'amour, c'est vrai, mais vivre près d'elle!.... et puis, l'espérance de la voir, de faire quelque promenade avec cette charmante créature, que j'estimais malgré ses extravagances, me faisait trouver ce séjour encore plus beau, et aurait assurément pu me retenir plus long tems que je n'avais fixé : mais puisque elle n'y est plus..... puisque je l'aime aprésent....... Ah ! mon ami, je suis si triste, que Paris n'a plus d'attraits pour moi. Hier au soir Charles, incommodé par un fort mal de tête, me quitta de bonne heure, et je me promenai tout seul dans les plus belles rues du centre. Les chemins étaient secs, à cause du vent qu'il a fait ces deux derniers jours, la soirée était calme, et le ciel superbe. En considérant malgré ma tristesse ces belles rues si bien éclairées, ces magasins avec leurs riches étalages qui étincelaient de lumière, une quantité prodigieuse de promeneurs qui s'arrêtaient à chaque instant pour admirer des objets qu'ils auront vu des milliers des fois, mais que l'on ne peut pas s'empêcher de revoir avec un plaisir toujours nouveau, je me disais : « — Un étranger qui descendrait à l'improviste dans quelqu'une de ces rues, se croirait transporté par une force surhumaine dans une ville enchantée — » ; mais tout ravi que j'étais, en me disant cela, je ne voyais pour moi que le plaisir extrême que j'aurais eu à m'y promener avec ma Thérèse : et puisqu'elle n'y est plus, me répétais-je, il faut que je parte.

J'avais trouvé là une de ces femmes rares, sur l'amour desquelles on peut compter, peut-être : chose extraordinaire ! Une femme qui a été trompée dans sa première passion, une femme faite à l'école du malheur, qui avait connu la méchanceté des hommes, et qui savait à quoi il faut s'attendre dans ce monde ; une femme qui n'était plus entraînée par les fausses illusions d'un bonheur chimérique, ce qui fait que tant de femmes sans expérience s'égarent ; j'avais trouvé une femme sage, religieuse, qui aurait fait grand cas d'un homme de son goût qui l'eût aimée, mais je ne l'eus pas si tôt trouvée, que je la perdis. Pourquoi ne m'a-t-elle pas dit au moins quelque chose de tout ce qu'elle m'a écrit !... Mais l'aurais-je crue alors ? Pourquoi n'ai-je pas parlé moi même !... Mais elle ? Aurait-elle ajouté foi aux sermens d'un étranger ? Oh !

il y a de quoi perdre la tête ! C'était décidé : je ne devais la connaître que trop tard, quand il n'était plus tems que de la regretter en vain. Si je pouvais au moins lui faire savoir que sa passion est partagée ! Mais c'est égal, elle est partie, et je partirai aussi. Je ne la suivrai pas directement, mais au moins je m'approcherai d'elle, et puis, qui sais si le hasard !...... Oh ! je ne m'en flatte pas !

J'ai fait la connaissance d'un Monsieur de 39 à 40 ans environ, un homme de la première noblesse, qui a occupé des charges importantes sous le règne de Charles X, et qui voyage depuis 1830. Il n'est revenu maintenant en France que pour arranger ses affaires avec son père qui vit encore, et il s'en serait déjà retourné, s'il n'avait pas été retenu par l'espérance de trouver quelque compagnon de voyage. Dès qu'il m'eut connu, et qu'il sut que j'étais Italien, il me proposa de m'accompagner, à condition pourtant, que je serais parti sans délai, et que j'aurais consenti à faire avec lui une tournée dans le Midi de la France. La première de ses conditions ne me convint pas alors, mais aujourd'hui, quand je suis allé le voir, il a été bien surpris et charmé, en voyant que j'étais disposé à partir. C'est un homme d'un caractère excellent, qui, quelques jours après notre connaissance, m'expliqua sa position politique, me parla de ses affaires, et sut m'inspirer une confiance, qu'aucun de ses compatriotes, je crois, ne m'aurait jamais inspirée; car les Parisiens d'une certaine classe, toujours polis, par instinct, je dirai ainsi, ont des manières et une conversation, qui te tiennent toujours à une distance bien respectueuse. Le mot, ou pour mieux dire, l'esprit du mot *citoyen* a vieillit chez la classe distinguée, il n'a pu prendre racine que dans le peuple, lequel, pour peu que tu lui parles, te traite sans façon de pair à compagnon. Je ne dirai pas que mon nouvel ami ait entièrement oublié certaines habitudes aristocratiques, mais la bonté de son cœur permet à peine de s'en apercevoir. Je n'eus donc aucune difficulté de découvrir à cet homme les raisons que j'avais de quitter Paris, malgré tout ce que j'avais dit les jours précédens. Il écouta mon récit avec beaucoup d'intérêt, et pour ne pas demeurer en reste de confiance, il me dit comment il avait fait à Turin la connaissance d'une dame de la cour, qu'il avait aimée, et que malheureusement il aimait encore avec passion. « — Elle est veuve, me dit-il, jeune et belle, elle a toutes les qualités qui peuvent inspirer une passion violente, qui peuvent même, si vous le voulez, faire les délices d'un amant, mais elle manque de toutes celles qui font le bonheur d'un mari. Malgré tout cela, j'avais conçu le dessein de l'épouser, et après avoir passé presque une année entière à lui faire ma cour, qu'elle paraissait recevoir avec plaisir, je revenais en France pour arranger mes affaires, et revoir mon père après onze ans, lorsqu'une lettre d'un de mes amis de Turin m'avertit que j'étais trompé. J'eus de la peine à m'en persuader, mais mon infidèle elle même, qui m'écrivit quelques jours après, acheva de me convaincre, que j'avais été jusqu'alors la dupe de ses minauderies. Craignant apparemment que je ne retourne à Turin troubler ses nouvelles amours, elle me manda, que l'intérêt de ses deux enfans lui ont fait faire des réflexions, qu'elle n'avait pas faites d'abord, et que, ne comptant pas se remarier pour le moment, ma présence à Turin ne pourrait que blesser son honneur, et elle finit par me supplier de la laisser tranquille, au moins jusqu'à ce qu'elle n'ait pris une résolution plus décidée.

« Maintenant je suis là. Que ferai-je ? Retournerai-je à Turin pour la voir liée à un autre, manquant à la foi qu'elle m'avait jurée ? Je sais bien que le parti le plus sage, ce serait de l'oublier, mais le moyen d'y réussir ?..... — »

Il demeura quelques instans comme absorbé dans des réflexions poignantes, puis il continua. « — Partons, Monsieur, partons au plus tôt, car j'espère que si les distractions du voyage ne guériront pas nos cœurs, elles soulageront au moins un peu nos esprits, et puisque vous êtes disposé à me suivre dans le Midi de la France, je vais vous tracer la route que nous allons suivre. Il faut d'abord retourner à Lyon, de là nous nous rendrons à Nimes, où vous ne serez pas fâché de voir des antiquités romaines, surtout la Maison Carrée et l'Amphithéâtre, qui ont jusqu'ici intéressé la curiosité de tous les voyageurs; nous verrons ensuite Marseille, Toulon, son arsenal et ses vaisseaux de guerre, dont il y en a maintenant une grande quantité en rade; nous irons après par terre, ou par mer même, si vous le voudrez, à Nice, puis, en côtoyant la mer par une route toujours délicieuse, nous pousserons jusqu'à Gênes, et de là nous irons..... — Nous irons, l'interrompis-je, nous irons.... — » Il haussa alors la tête, nous nous entre-regardâmes, mais aucun de nous n'osa dire, *à Turin*, et notre conversation finit par le mot « partons ».

La confidence réciproque que nous venons de nous faire, et la conformité qui paraît exister entre la position de l'un et de l'autre de nous deux, fit naître insensiblement une amitié, qui doit devenir bien étroite, pour peu que nous continuions de parler comme nous avons commencé, lui de sa grande dame, et moi de ma Thérèse. La source des paroles est intarissable chez lui, quand il parle de son infidèle, comme il l'appelle toujours, et moi, qui l'écoute avec beaucoup d'attention, je ne l'interromps de tems en tems, que pour parler de ma Thérèse. « — Voilà, me disait-il ce matin, en m'embrassant tendrement, voilà le compagnon de voyage qu'il me fallait — ». Ainsi, nos places sont retenues, et demain avant midi nous serons sur la route de Lyon. Adieu.

# TABLE

### DES MATIERES

Dédicace . . . . . . . . . Pag. 5
Préface . . . . . . . . . . » 7
Départ — Voyage — Arrivée à Turin. » 11
Turin . . . . . . . . . . . » 33
Visite de la Turinaise — Son histoire. » 39
Quelques curiosités de la ville de Turin » 61
Rencontre de la Turinaise à la Poste . » 77
Superga, ou tombeaux des rois . . . » 83
Départ de Turin — Passage du Mont-
 -Cénis — La Savoie . . . . . . » 111

| | |
|---|---|
| *Lyon* . . . . . . . . . . . . Pag. | 125 |
| *Le Bateau à Vapeur — Arrivée à Paris* » | 133 |
| *Tombeau de Napoléon* . . . . . . . » | 167 |
| *Les deux Naturalistes — Jardin des Plantes* . . . . . . . . . . . . . » | 177 |
| *Versailles* . . . . . . . . . . . » | 193 |
| *Départ des deux Naturalistes — Sèvres — Gobelins* . . . . . . . . . . . » | 207 |
| *L'Américain* . . . . . . . . . . » | 219 |
| *Charles — Course à Saint-Denis — Tombeaux des rois de France* . . . . » | 233 |
| *Le Tailleur B...... — La Colonne de Juillet — L'Hospice des Quinze-vingts* . » | 253 |
| *Le Père-Lachaise* . . . . . . . . » | 271 |
| *Rencontre de la Turinaise à Paris — Promenade aux Tuileries, aux Champs--Elysées, à l'Arc de triomphe de l'Etoile* » | 285 |
| *La Chapelle expiatoire — Eglise de la Madelaine* . . . . . . . . . . . » | 321 |
| *Lettre de la Turinaise* . . . . . . » | 347 |
| *Départ de Paris* . . . . . . . . » | 357 |

www.ingramcontent.com/pod-product-compliance
Lightning Source LLC
Chambersburg PA
CBHW050313170426
43202CB00011B/1879